नद
nada

Karin Jundt

Über allem
die Liebe

Sonnwandeln Band III
Buchreihe für spirituelle Entwicklung
und Selbstveränderung

nada Reihe Wegweiser

Bibliografische Information der Deutschen Nationalbibliothek:
Die Deutsche Nationalbibliothek verzeichnet diese Publikation in der
Deutschen Nationalbibliografie; detaillierte bibliografische Daten sind
im Internet über http://dnb.d-nb.de abrufbar.

Copyright © 2017 **nada** Verlag, CH-8712 Stäfa
Alle Rechte vorbehalten, einschließlich des Rechts der teilweisen
oder vollständigen Wiedergabe in jeder Form.
Herstellung: Books on Demand GmbH, Norderstedt
Printed in Germany

ISBN 978-3-907091-13-5

*Gewidmet all meinen Gefährten
auf dem spirituellen Weg –
also allen Wesen*

Inhaltsverzeichnis

    Einleitung 11

    Auf dem Sonnwandeln-Weg 15

1. Liebe deinen Nächsten *wie dich selbst* 19

2. Nächstenliebe – doch das oberste Gebot? 51

3. Muss ich Vater und Mutter unbedingt ehren? 79

4. Liebe ist kein Deal. 111

5. Scheiden tut weh! Trennung und Tod 147

6. Einsamkeit und Alleinsein .185

    Ein ganz kurzes Schlusswort 213

Anhang

Anleitung zur Arbeit mit Affirmationen 216

Anleitung zu Imagination und Meditation 217

Anleitung zur Anwendung von Bach-Blüten 220

Anleitung zur Verwendung von Heilsteinen 223

Glossar 225

Übersicht über die Sonnwandeln-Buchreihe 229

*Nicht weil es schwer ist,
wagen wir es nicht,
sondern weil wir es nicht wagen,
ist es schwer.*

Seneca

Einleitung

Meine Leser und Kursteilnehmer haben mir schon vielfältige Fragen gestellt. Aber bisher wollte niemand wissen, warum ich diese Buchreihe überhaupt schreibe. Nur ich selbst habe mich das gefragt, vor über einem Jahrzehnt, als ich begann, die Texte für die damalige E-Schriftenreihe Sonnwandeln zu verfassen. Damals war nämlich meine Sorge, es könnte mein Ego sein, das mich dazu treibt, in seiner Überheblichkeit und Anmaßung. Ich habe tief in mich hineingehorcht, in aller Ehrlichkeit, derer ich damals fähig war, und ausführlich mit meinem spirituellen Lehrer darüber gesprochen. Und bin zum Schluss gekommen – worin mein Lehrer zustimmte – es geschehe, weil meine Seele es fordert. Ich wollte nie ein Guru sein, und will es nach wie vor nicht, meine Absicht war und ist nicht, zu belehren, sondern als ein „Hinweiser" zu dienen: Möglichkeiten aufzeigen, unterschiedliche Wege, Lösungen für Alltagsherausforderungen. Interessant, dass zu jener Zeit ein Astrologe, den ich um mein Geburtshoroskop gebeten hatte, mir anlässlich unseres Gesprächs zur Deutung sagte: „Sie gehen nicht voraus und führen andere an. Sie sind für andere der Orientierer, Sie weisen den Weg."

Gefördert und getragen hat mich bestimmt auch meine Begeisterung, für mich einen Weg gefunden zu haben, den Alltag spirituell zu leben, nachdem es mir über zwei Jahrzehnte lang nicht gelungen war, Spiritualität und profanes Leben zusammenzubringen, und ich stets unter dieser Trennung gelitten hatte. Zudem war ich überglücklich, dass ich, dem Karma Yoga folgend, mein Selbstwertgefühl, mein Urvertrauen und meinen Gleichmut aufgebaut und gestärkt hatte. Und dadurch, zum ersten Mal in meinem damals bereits vierzigjährigen Leben, diese beinahe unerschütterliche innere Zufriedenheit fand, die ich immer ersehnt und trotz all meiner Suche auf den verschiedensten Wegen nie erlangt hatte. Das wollte ich meinen Lesern aufzeigen, damit der eine oder andere in meinen Schriften vielleicht auf etwas stößt, das in ihm anklingt und ihm auf seinem eigenen Weg weiterhilft. Und allen sagen und Mut machen: „Schaut, ich war mit 40 Jahren noch ganz verirrt und ver-

→ Karma Yoga: siehe Glossar Seite 226. Eine wesentliche Grundlage der Sonnwandeln-Schriftenreihe ist der Karma Yoga; ein Buch ausschließlich darüber habe ich erst Jahre später geschrieben; Info Seite 234

loren, aber dann habe ich meinen Weg gefunden. Und was ich, ein damals unsicherer, verängstigter, schwacher, verblendeter Mensch, geschafft habe, das könnt ihr auch! Habt den Mut, auf euch selbst zu hören, traut euch, eure Schritte zu gehen!"

Einiges über mich und meinen spirituellen Weg habe ich in der Einleitung zum ersten Sonnwandeln-Band erzählt, ich will es hier nicht wiederholen. Aber ich erläutere nochmals kurz das Wichtigste über diese Buchreihe für die Leser, die Band I nicht kennen.

Vor gut zehn Jahren begann ich, *Sonnwandeln* zu schreiben, eine Schriftenreihe für spirituelle Entwicklung im Alltag. Es entstanden schließlich dreißig thematische Ausgaben, insgesamt über 600 Seiten. Den Namen *Sonnwandeln* wählte ich seinerzeit in der doppelten Bedeutung von „*auf dem sonnigen Lebensweg wandeln*" und „*sich zu einem sonnigen Gemüt wandeln*".

Diese Schriftenreihe, die es nur in elektronischer Form gab, forme ich jetzt in gedruckte Bücher um und revidiere sie bei dieser Gelegenheit gründlich. Jedes Kapitel entspricht einer Ausgabe der früheren elektronischen Schriftenreihe und weist die gleiche Struktur auf: „Einführende Gedanken" stellt eine Einleitung ins Thema dar und wirft auch Fragen auf, die ich dann in den weiteren Rubriken „Vertiefende Aspekte" und „Fragen & Antworten" konkret und alltagsbezogen behandle. Zu jedem Thema gibt es eine Aufgabe für die innere Entwicklung, ergänzt durch Vorschläge für Affirmationen, eine Imagination oder Meditation und unterstützende Heilsteine und Bach-Blüten.

Bei der Überarbeitung meiner Texte fällt mir auf, wie oft ich schreibe „Es lässt sich nicht allgemein sagen" oder „Ich kann keine einheitliche, eindeutige Antwort geben" und ähnliche Formulierungen verwende. Es gibt eben so viele Wege zum Göttlichen, wie es Menschen gibt. Und jeder ist einzigartig und persönlich; deshalb gibt es, zumindest in der menschlichen Dimension, nicht *die* Wahrheit, sondern Wahrheiten, oder treffender gesagt Theorien, Thesen, Modelle, die uns bei unserem inneren Wachsen eine Zeit lang begleiten, irgendwann aber vielleicht überholt sind und durch neue ersetzt werden müssen. So ist die Sonnwandeln-Buchreihe als Anregung gedacht, und daher stelle ich zuweilen auch widersprüchliche Thesen vor. Jeder Leser soll selbst in sich spüren, was gegenwärtig in ihm anklingt – dann ist es für ihn persönlich ein wertvoller Input.

Manchmal gelangen wir im Lauf unserer Entwicklung auch wieder an Themen, mit denen wir bereits früher Bekanntschaft gemacht hatten. Dann kann es hilfreich sein, die Sonnwandeln-Reihe wieder zur Hand zu nehmen und uns erneut damit zu beschäftigen. Ob ihr es glaubt oder nicht: Ich selbst lese auch immer wieder über bestimmte Themen in Sonnwandeln, wenn ich in einer entsprechenden Lebenslage stecke. Obwohl es meine eigenen „Weisheiten" sind, tut es mir jeweils gut, sie gewissermaßen von außen aufzunehmen und daran erinnert zu werden. Auch dafür habe ich diese Buchreihe konzipiert: als ständige oder wiederholte Begleiterin durch das alltägliche Leben.

Zum Schluss noch zwei klärende Bemerkungen: Ich duze dich, lieber Leser, weil wir alle Gefährten auf dem Weg zum Göttlichen sind – das Du empfinde ich als verbindend. Und ich verwende um der leichteren Lesbarkeit willen weder unnatürlich anmutende geschlechtsneutrale Formen noch das Anhängsel „Innen", sondern beschränke mich auf die männliche Form.

Ich wünsche dir, lieber Leser, viele bereichernde Einsichten und viel Freude an deinem individuellen Weg!

Juli 2017

Auf dem Sonnwandeln-Weg

Die Sonnwandeln-Buchreihe bietet dir Anregungen zur Selbstveränderung, um spirituell zu wachsen und um das Leben freudiger und erfüllter zu gestalten. Im Mittelpunkt steht ein „sonniger" Pfad, auf dem du vor allem Selbstwertgefühl, Urvertrauen und Gleichmut aufbaust und stärkst. Dazu dienen die empfohlenen Aufgaben und Übungen. Deine neuen Erkenntnisse kannst du im alltäglichen Handeln, im Umgang mit deinen Mitmenschen, bei der Bewältigung von Herausforderungen und Krisen laufend umsetzen.

Das Konzept des Sonnwandeln-Weges beruht auf drei Grundsätzen:

• **Grenzenlose Spiritualität: Es gibt so viele Wege zum Göttlichen, wie es Menschen gibt.**

→ Das Göttliche: siehe Glossar Seite 225

Jeder von uns durchläuft einen eigenen spirituellen Prozess mit Herausforderungen und Chancen, zu lernenden Lektionen und entsprechenden Hilfen. Mit meiner Sonnwandeln-Reihe zeige ich undogmatisch Möglichkeiten der inneren Wandlung auf. Ich stütze mich dabei auf ein breites Fundament aus christlichen, jüdischen, islamischen, buddhistischen, hinduistischen Ansätzen und tradierter spiritueller Weisheit aller Zeiten und Weltgegenden, ebenso wie auf Psychologie und Philosophie.

Die absolute Wahrheit gibt es nicht auf der menschlichen Ebene. Und was für den einen ein gangbarer Weg ist, kann für den anderen nicht geeignet sein; was gestern undenkbar war, kann heute richtig sein und morgen überholt. Wahrscheinlich wird dich also nicht alles ansprechen, was du in diesem Buch liest, und nicht jeder darin beschriebene Entwicklungsschritt ist für dich gegenwärtig angesagt. Sei bei der Lektüre deshalb offen für Neues und Fremdes, horche aber zugleich in dich hinein, ob die Texte und Anregungen in dir eine Resonanz finden. Nimm an, was in dir anklingt, und lass bleiben, was für dich nicht stimmt.

• **Spiritualität findet im Alltag statt.**
Ich lehne eine Spiritualität, die sich auf Gebet und Meditation beschränkt oder einen Rückzug aus der Welt vorsieht, keineswegs ab – wie gesagt, es gibt so viele Wege zum Göttlichen... Mein Weg ist es allerdings nicht. Denn zu oft habe ich beobachtet, wie Menschen – ich eingeschlossen –, die sich für spirituell halten, weil sie stundenlang in Versenkung verweilen und Askese praktizieren, im Alltag dann ihren Ängsten erliegen, Wut, Eifersucht und andere niedere Triebe nicht im Griff haben, nur ein schwaches Selbstwertgefühl besitzen. Kurz: durch ihre Spiritualität das Leben nicht besser meistern und nicht zufriedener sind als unspirituelle Menschen.

→ Über meine prägende Erfahrung berichte ich in der Einleitung zu Band I

Ich glaube, dass das Leben selbst unser Lehrer ist und das Göttliche uns darin führt. Im Alltag sollen wir demnach spirituell wachsen und dabei auch glücklich sein. In jedem Augenblick unseres Lebens können wir uns durch den Umgang mit den Mitmenschen, mit den Herausforderungen, Krisen und Chancen weiterentwickeln und die spirituellen Eigenschaften erwerben, die uns der Einheit mit dem Göttlichen näherbringen – Loslassen des Ego, Gleichmut, Liebe und Selbstliebe, Freisein von Begehren, Angst und Anhaftung.

→ Ego: siehe Glossar Seite 225

• **Es gibt einen sonnigen Weg durch das Leben!**
Spiritualität ist nicht zwangsläufig asketisch, weltfremd, mit Rückzug aus der Welt verbunden, wie es östliche Religionen zum Teil vermitteln. Ebenso wenig ist es nötig, in diesem Leben zu leiden, um dann im Jenseits die ewige Glückseligkeit zu erlangen, wie gewisse christliche Richtungen es nahelegen.

Nicht das äußere Leben ist der Maßstab für Spiritualität, sondern die innere Haltung. Wir dürfen und sollen alles Schöne dieser Welt genießen. Dazu wurde es doch erschaffen! Aber nicht daran hängen. Es nicht begehren, aber dankbar annehmen, wenn es uns geschenkt wird. Auf der anderen Seite: das sogenannt Leidvolle, Unangenehme, Verhasste nicht als solches betrachten, sondern gleichmütig akzeptieren im Bewusstsein, dass der göttliche Plan vollkommen ist und alles, was uns geschieht, einen Sinn hat.

Sobald wir gelernt haben, auf das Göttliche absolut zu vertrauen, uns ganz hinzugeben und führen zu lassen, wird unser Weg leicht, die Schatten verschwinden und wir wandern tatsächlich auf einem sonnigen Weg, ohne Furcht und Sorge, mit innerer Zufriedenheit. Das Paradies auf Erden ist unser angeborenes Recht: Es liegt aber an uns selbst, es in dieser Welt zu verwirklichen.

Tipps zum Umgang mit der Sonnwandeln-Reihe
Ich empfehle dir, die Bände in ihrer Reihenfolge zu lesen, ebenso wie die Kapitel innerhalb eines Bandes.

Lies jeweils ein Kapitel vollständig, bevor du mit der Aufgabe zur Selbstveränderung praktisch beginnst; vor allem in den Rubriken „Einführende Gedanken", „Vertiefende Aspekte" und „Fragen & Antworten" findest du die Grundlagen dazu. Mit der Aufgabe zur Selbstveränderung solltest du eine Weile arbeiten, ein paar Wochen, vielleicht sogar Monate, bevor du zur Aufgabe des nächsten Kapitels übergehst. Das Gleiche gilt für die zur Unterstützung empfohlenen Affirmationen, Bach-Blüten und Heilsteine.

Ich bin mir bewusst, dass sich tiefe Ängste und eingravierte Verhaltensmuster nicht in kurzer Zeit vollständig beseitigen lassen. Doch indem du dich wenigstens eine Zeit lang intensiv damit beschäftigst, setzt du eine Art Impuls, der im Unbewussten auch weiter wirkt, wenn du dich nicht mehr mit dem entsprechenden Thema befasst. Entscheidend ist dabei vor allem, dass du die Veränderung ernsthaft willst – dann wirkt eine höhere Kraft.

Geh mit der Aufgabe um, so gut du es kannst und für dich als sinnvoll spürst. Folge stets deiner Inneren Stimme und tue etwas nie, weil ein Buch es dir vorschreibt, sondern nur eigenverantwortlich und selbstbestimmt.

→ Innere Stimme: siehe Glossar Seite 226

Sei nie entmutigt, falls du meinst, nicht weiterzukommen, immer wieder über die gleichen Schwierigkeiten stolperst, denke nicht: „Ich schaffe es nie!". Entscheidend ist der Wille, das Ziel zu erreichen. Sag dir immer wieder: „Ich weiß, ich schaffe es!" Bemühst du dich ehrlich, so wird die Veränderung eintreten – aber vielleicht nicht dann, wenn du es gerne möchtest, sondern wenn für dich der richtige Augenblick gekommen ist.

Ebenso selbstsicher und selbstbewusst wie ein Pfau sollten wir durch das Leben gehen – unseren Wert jedoch nicht aus unserer äußeren Schönheit beziehen, sondern auf unserem reinen Sein begründen, auf dem „Ich bin".

1. Liebe deinen Nächsten
wie dich selbst

Themen dieses Kapitels
• Sich selbst lieben ist ebenso wichtig wie die Nächstenliebe • Liebe braucht keinen Grund • Warum wir uns selbst nicht lieben • Falsches und echtes Selbstwertgefühl • Achtung und Wohlwollen für das Unbelebte • Unvollkommene und reine Liebe • Abgrenzung zwischen gesunder Selbstliebe und Egoismus • Geborgenheit in sich selbst • Angst, den geliebten Menschen zu verlieren • Unnachgiebigkeit uns selbst und anderen gegenüber

Entwicklungsziel
Ich lerne, mich anzunehmen und zu lieben: Ich erkenne mich als wertvoll, und ich höre auf, mich wegen meiner Unzulänglichkeiten zu verurteilen.
Ich nehme meine Mitmenschen an, wie sie sind, und begegne ihnen mit einer grundlegenden Sympathie.
Ich respektiere alle Wesen und Dinge, belebt oder unbelebt, und gehe sorgsam mit ihnen um.

Einführende Gedanken

Liebe zu allen Wesen

In allen Religionen ist die Nächstenliebe ein wichtiges Thema. Einfach ist es indes nicht, alle zu lieben und erst noch alle gleichermaßen, keine Abstufungen von Liebe zu empfinden.

Menschen auf dem spirituellen Weg bemühen sich ganz besonders darum, allen Wesen reine Liebe zu schenken, es ist eines unserer höchsten Ziele. Es entstammt dem Bewusstsein, dass jedes Geschöpf göttlichen Ursprungs und Teil der göttlichen Einheit ist. Könnten wir diese Erkenntnis nicht bloß mit dem Verstand erfassen, sondern im Herzen erfahren, wäre die Trennung zwischen dem Ich und dem Du aufgehoben – genauso wie wir den kleinen Finger der rechten Hand nicht als gesondert von uns empfinden oder diesen Körperteil mehr lieben als einen anderen. Solange es uns noch nicht gelingt, diese Einheit zu leben (was wahrhaft ein sehr langer Weg ist!), sollten wir allen Wesen – Menschen, Tieren und Pflanzen, aber auch dem sogenannt Unbelebten – zumindest Achtung und Wohlwollen entgegenbringen, diese Sympathie, die sich mit der Zeit zu Empathie wandelt.

→ Die Thematik der göttlichen Einheit erläutere ich ausführlicher in Kapitel 1 von Band I und in Kapitel 3 von Band II; Info siehe Seiten 229/230

Liebe dich selbst...

Den ersten Teil von Jesus' Aussage, „Liebe deinen Nächsten", nehmen wir als selbstverständliche Weisheit an und bemühen uns ehrlich darum. Weit weniger beachten wir den zweiten, genauso wichtigen Teil: „wie dich selbst".

Uns selbst lieben heißt, unseren wahren Wert erkennen, diesen Wert, der nicht darauf gründet, was und wie viel wir besitzen und leisten, ob wir schön, intelligent, gesund, ehrlich sind, gut oder böse, mutig oder feige, fleißig oder faul, nützlich für unsere Mitmenschen und die Gesellschaft oder Schmarotzer. Einzig und allein die Tatsache, dass wir existieren und das Göttliche in uns ist und wir Teil des Göttlichen sind, ist bestimmend für unseren Wert. Wir sind an sich wertvoll. *Mich selbst lieben heißt deshalb: Ich erkenne mich, als was ich bin, und nehme mich an, wie ich bin.*

... wie deinen Nächsten

Den Nächsten lieben bedeutet, für ihn da sein und ihn mit Liebe beschenken, *ohne Bedingungen und Erwartungen* daran zu knüpfen, vor allem nicht die Erwartung, ebenso geliebt zu werden.

Sind wir ehrlich mit uns selbst, so sehen wir, dass unsere Liebe für andere Menschen meistens einen Grund hat: Wir lieben einen Menschen, *weil*... Und sei es aus edlen Motiven wie: weil es die Mutter ist, weil dieser Mensch uns liebt, weil wir diesen Menschen für liebenswert, im wahren Sinne des Wortes, halten, und auch weil es uns glücklich macht, jemanden zu lieben. Diese „begründete" Liebe *braucht* das Objekt der Liebe und führt folglich immer zu einer gewissen Abhängigkeit – die Anhaftung im buddhistischen Sinne –, sei sie noch so unmerklich und verborgen. Sie geht einher mit der Angst, den geliebten Menschen zu verlieren und/oder von ihm nicht (mehr) geliebt zu werden.

→ Siehe Kapitel 4 „Liebe ist kein Deal", Seiten 111ff.

Das ist keine *echte* Nächstenliebe. Was aber noch schlimmer ist: Die Angst vor Verlust und Liebesentzug prägt unser Verhalten. Um zu gefallen, um geliebt zu werden, tun wir deshalb Dinge, die nicht unserer wahren Natur und unserem Lebensplan entsprechen. Mit anderen Worten: Wir sind nicht wirklich wir selbst, wir zwingen der Seele etwas auf. Das tut uns nicht gut und zeigt uns auf, dass wir nicht nur den Mitmenschen nicht wahrhaft lieben, sondern auch uns selbst nicht.

→ Seele: siehe Glossar Seite 227

Eine weitere Form unechter Nächstenliebe ist das Gebenwollen. Von außen betrachtet, könnte man bei gewissen Menschen meinen, sie liebten sehr, weil sie alles tun für den Mitmenschen. Ihre Liebe ist aber nur ein Mittel zu ihrem Selbstwertgefühl, das sie daraus beziehen, gebraucht zu werden. Schnell entlarvt sind solche Menschen, beraubt man sie der Möglichkeit, für andere da zu sein: Dann fühlen sie sich unnütz und wertlos. Die Angst, andere könnten ihre Liebe nicht (mehr) haben wollen, treibt sie oft in diese wohlbekannten, offenkundig egoischen Verhaltensweisen von Besitzanspruch über krankhafte Eifersucht bis hin zu emotionaler Erpressung.

→ Egoisch: siehe Glossar Seite 225

Die Quintessenz: keine Nächstenliebe ohne Selbstliebe
Bei aller vermeintlichen Nächstenliebe, Hingabe, Selbstaufopferung und mehr: Es ist eine Illusion zu meinen, wir könnten einen anderen Menschen wirklich lieben, wenn wir uns selbst nicht lieben.

Bedingungslose Liebe, im wahren Sinne des Wortes *Liebe ohne Bedingungen*, erfordert Selbstwertgefühl und Geborgenheit in uns selbst, sodass wir uns von keinem Menschen abhängig fühlen. Ferner brauchen wir die Zuversicht, in jedem Augenblick das zu bekommen, was uns guttut: Das Göttliche wird uns im richtigen Moment den Menschen schicken, der uns die Liebe schenkt, die wir benötigen. Es wird uns allerdings dann, wenn es für uns förderlich ist, auch in die Einsamkeit führen, und kein Mensch, klammern wir uns noch so sehr an ihn, kann es verhindern.

Gelingt es uns, das Urvertrauen fest in uns zu verankern, verlieren wir die Angst vor dem Alleinsein und sind nicht länger von der Liebe anderer abhängig.

→ Das Urvertrauen ist das Thema von Kapitel 1 in Band II; Info Seite 230

→ Vergleiche Kapitel 6, Seiten 185ff.

Vertiefende Aspekte

Warum wir uns selbst nicht lieben und zu wenig Selbstwertgefühl haben

Die Kriterien, nach denen wir andere Menschen und uns selbst beurteilen, stammen zu einem großen Teil aus unserer Kindheit und Jugend und sind im Unbewussten verankert. Die Menschen, denen wir vertrauten und die uns als Vorbilder dienten, unsere Eltern, Lehrer und andere Bezugspersonen, gaben uns durch ihre Belehrungen und ihr Verhalten zu verstehen, was sie selbst für wertvoll hielten, beispielsweise Intelligenz, Mut, Schönheit, Sauberkeit, Ehrgeiz, respektvolles Benehmen; und was sie für besonders verwerflich, also wertlos, hielten, etwa sexuelle Freizügigkeit, Verschwendungssucht, Unpünktlichkeit.

→ Ausführlicheres zum Thema Selbstliebe und besonders dazu, wie wir sie aufbauen und stärken, steht in meinen Büchern „Ich liebe mich selbst und mache mich glücklich" und „Ich liebe mich selbst 2"; Info siehe Seite 233

Im Lauf der Kindheit und Jugend überhäufte man uns zudem mit einer Menge persönlicher Beurteilungen im Stil von: „Du kannst gut rechnen. Du bist aber schwer von Begriff. Du machst ständig die gleichen Fehler. Du hast schöne Augen. Du bist stark. Du bist ein Versager. Du wirst nie einen Mann finden. Du bist tapfer. Du hast zwei linke Hände. Du bist musisch unbegabt. Deine Sommersprossen sind süß. Du bist zu dick. Du hast einen schwachen Willen. Du erzählst lustige Witze. Du bist ein Angsthase." Jede bewertende Aussage eines Menschen, dem wir glaubten und vertrauten, hat sich in uns eingraviert, umso tiefer, je öfter wir sie zu hören bekamen, und trägt zur Art und Weise bei, wie wir uns selbst sehen.

Bei diesen Beurteilungen, ebenso wie bei den uns vermittelten Werten, gibt es welche, die wir irgendwann im Lauf des Lebens hinterfragen oder durch persönliche Erfahrungen widerlegen und über Bord werfen, und andere, die wir weiterhin mit uns tragen.

Auf der Basis dieses gesamten Wertesystems, das unsere Bezugspersonen uns aufgepfropft haben, entwickeln wir das Bild des idealen Menschen. Des Menschen, den wir meinen sein zu müssen, damit man ihn als wertvoll betrachtet und lieb haben kann.

Je nachdem, wie sehr wir uns in Übereinstimmung mit diesem Idealbild wahrnehmen und es uns gelingt, die in uns gespeicherten Normen und Regeln einzuhalten, fällt unsere Eigenbewertung besser oder schlechter aus und dementsprechend sind unser Selbstwertgefühl und unsere Selbstliebe stärker oder schwächer. Dabei lassen wir völlig außer Acht, dass wir normale Menschen mit normalen Unzulänglichkeiten sind und es uns unmöglich gelingen kann, dieses aufgezwungene Vollkommenheitsideal zu verwirklichen, zumal es möglicherweise im Widerspruch zu unserer Natur steht.

Außer dem Wertesystem haben wir aus unserer Kindheit einen weiteren Irrglauben übernommen, der für die mangelnde Selbstliebe mit verantwortlich ist und unser Verhalten prägt: Liebe gibt es nicht „einfach so".

Grundsätzlich lieben Eltern ihr Kind ja, unabhängig davon wie es ist und was es tut. Dennoch äußern sie Wohlgefallen und Zuneigung, wenn es sich ihren Erwartungen und Forderungen entsprechend verhält, oder Verärgerung und Ablehnung bei gegenteiligem Verhalten. So nimmt das Kind wahr, wie die Eltern manchmal lieb und manchmal böse mit ihm sind, und setzt diese Reaktionen mit Geliebtwerden und Nichtgeliebtwerden gleich. Viele von uns kennen auch Sprüche in der Art von: „Wenn du so ungehorsam bist, hat die Mama dich nicht mehr lieb."

In uns prägt sich der fatale Glaube ein, dass wir uns die Liebe der Mitmenschen verdienen müssen – und sie uns verdienen *können*. Auch als Erwachsene werden wir leider in dieser Überzeugung weiterhin bestärkt und gehen deshalb ein Leben lang nach diesem Prinzip vor. Verhaltensmuster, die darauf abzielen, anderen zu gefallen und uns ihnen sogar zu unterwerfen, sitzen in uns fest.

So ist es nur naheliegend, wenn wir meinen, auch unsere eigene Liebe verdienen zu müssen. Wie? Indem wir die Erwartungen, die wir an uns selbst stellen, erfüllen. Diese – nämlich dem Ideal-Ich zu entsprechen – sind jedoch so hoch gesteckt, dass wir unweigerlich daran scheitern. Deshalb fühlen wir uns schlecht und wertlos, folglich verdienen wir unsere Liebe nicht.

Nur wer ein starkes Selbstwertgefühl besitzt, liebt sich selbst; wer sich für wertlos hält, kann sich nicht lieben.

* * *

Falsches und echtes Selbstwertgefühl
Selbstsicherheit, Selbstbewusstsein, Selbstvertrauen und Selbstachtung – in der Summe: unser Selbstwertgefühl – gründen wir in der Regel auf dem, was ich als äußere Parameter bezeichne: Tugenden, Fähigkeiten, Besitz, Leistung, Verhalten, Nützlichkeit und mehr. „Äußere" nenne ich sie deshalb, weil sie nicht auf ewig mit unserem Wesen verschmolzen sind, sondern gewissermaßen zeitweilig um unser wahres Ich herum „gebaut" sind – und teilweise erst durch die Bewertung von außen überhaupt einen Wert für uns darstellen. Wir können sie samt und sonders verlieren oder dazu gewinnen; nicht einmal Charakterzüge wie Altruismus und Mut sind konstant, geschweige denn Eigenschaften wie Schönheit und Attraktivität oder Fähigkeiten und Besitz.

Stützen wir unser Selbstwertgefühl – und somit unsere Selbstliebe – aber darauf, ist es nicht stabil: Da es auf Äußerem und Vergänglichem beruht, kann es auch von außen zerstört werden und vergehen. Wir alle wissen, wie wenig es mitunter braucht, damit wir vorübergehend oder längerfristig an Selbstwertgefühl einbüßen: eine Kritik, eine Erniedrigung, der Verlust des sozialen Status oder der Macht, eine Aufeinanderfolge von Rückschlägen, von Misserfolgen, oft schon nur das vermeintliche Vergehen der Schönheit oder der Kraft beim Altern – und unser Selbstwertgefühl schwindet und schwindet und schwindet. Natürlich steigt es dann wieder mit jedem Zuspruch, den wir bekommen, aber leider nicht im gleichen Verhältnis. Es scheint unlogisch, doch die negativen Bewertungen wiegen schwerer als die positiven. Eine Erklärung dafür ist, dass die Evolution uns dazu geführt hat, Negatives schneller und deutlicher zu erkennen und für zukünftige Situationen zu erinnern als Positives: Eine akute Gefahr zu übersehen, kann nämlich lebensbedrohlich sein, eine gute Gelegenheit zu verpassen, ist es in der Regel nicht. So fokussieren wir die Aufmerksamkeit auf das Negative, messen ihm mehr Bedeutung zu und es bleibt uns stärker im Gedächtnis haften. Kritik und Tadel nehmen wir daher ernster, sie schwächen das Selbstwertgefühl stärker und nachhaltiger, als Anerkennung und Lob es aufbauen.

Soll unser Selbstwertgefühl stark und konstant sein, unabhängig vom Außen, kann es nur aus dem Innen kommen:
Mein Selbstwert gründet ausschließlich darauf,
dass ich bin,
dass ich ein menschliches Wesen
mit einer wahrhaftigen Seele bin,
einzigartig in dieser Welt,
und als dieses einzigartige Wesen
meine ureigene Existenzberechtigung habe,
und zwar genau so, wie ich bin.
Das ist mein Wert: einfach, weil ich bin.

Wir müssen alles ausklammern, von dem wir meinen, es beeinflusse unseren Wert: Schönheit, Gebrechen, Reichtum, Armut, Macht, Abhängigkeit, Bildung, Unwissenheit, gute und böse Taten, Nützlichkeit und Nutzlosigkeit, ...

Wir bewerten uns ganz nackt. Alles, was um dieses nackte Mensch-Sein herum gebaut ist, also alle unsere schlechten Eigenschaften, alle unsere guten Eigenschaften, unsere Fähigkeiten und Unvollkommenheiten, Besitz und Mangel, altruistisches und egoistisches Handeln machen unseren Wert weder größer noch geringer.

Auch können keine anderen Menschen, keine Ereignisse und keine äußeren Situationen uns diesen Wert nehmen, sie vermögen ihn nicht zu vermindern und nicht zu erhöhen: Wir sind immer gleich wertvoll, zu jeder Zeit und unter allen Umständen. Und alle Menschen sind gleich viel wert.

* * *

Allen Wesen und auch dem Unbelebten Achtung und Wohlwollen entgegenbringen
Mit Wohlwollen ist eine positive, freundliche Haltung gemeint. Wir bemühen uns, in einem Menschen stets das Gute zu erkennen. Für das Schlechte, das wir sehen, suchen wir nach Gründen und versuchen dann, es zu verstehen und nicht zu *ver*urteilen; *be*urteilen, im Sinne von bewerten, dürfen wir, das ist unser Recht und unsere Pflicht – wie könnten wir sonst das eigene Verhalten selbstkritisch betrachten? Wir sind uns aber bewusst, dass unser Urteil

vom eigenen, in der Kindheit erworbenen Wertesystem abhängt, wir zudem nicht unfehlbar sind, weshalb es eventuell völlig falsch sein könnte.

Jedes Wesen achten wir als göttliches Geschöpf, was jede Art von respektlosem Umgang ausschließt. Konkrete Beispiele: Wir werfen eine Pflanze nicht weg, bloß weil ihre Blüten verwelkt sind; unser Hund hat seiner Natur entsprechend das Recht auf seinen täglichen Spaziergang und diese Pflicht nehmen wir wahr, selbst bei schlechtem Wetter und wenn wir überhaupt keine Zeit haben; wir lassen nicht zu, dass unsere Kinder gedankenlos Blätter von Büschen zupfen oder kleine Tiere quälen, und lehren sie den Respekt vor der Natur. Ob wir Vegetarier werden oder uns darauf beschränken, Fleisch aus artgerechter Haltung zu essen, ob wir dem Salatkopf für sein „Opfer", uns als Nahrung zu dienen, danken, bevor wir ihn aus dem Gartenbeet reißen, ist dem Empfinden und Gewissen des Einzelnen überlassen. Jede dogmatische Haltung in diesen Fragen (wie übrigens in jeder anderen Frage auch) zeugt von Intoleranz und widerspricht wahrer Spiritualität, die nur auf der freien Entscheidung jedes Einzelnen beruhen kann, seinem eigenen inneren Wissen entsprechend.

Auch im Unbelebten, also Stein, Fluss, Berg, Luft und allem anderen, ist das göttliche Bewusstsein. Weshalb wir es ebenso achten. Konkrete Beispiele: Wir kicken einen Stein nicht achtlos weg; mit Ehrfurcht hinterlassen wir unsere Fußspuren im jungfräulichen Neuschnee oder Sandstrand; wir ärgern uns nicht über den bewölkten Himmel bei unserem Ausflug; wir empfinden einen gewöhnlichen grauen Felsbrocken nicht als weniger schön und wertvoll als einen funkelnden Diamanten.

Aber auch den vom Menschen gefertigten Produkten, sei es ein Tisch oder ein Auto, eine Tageszeitung oder eine Büroklammer, wohnt ein „Geist" inne: erstens das göttliche Bewusstsein der Materie, dazu jedoch auch der Geist des Menschen, der das Produkt geschaffen hat, selbst wenn es sich um einen Massenartikel handelt, denn es ist ein Gedanke, ein Wille, ein Wirken darin – also eine Form von Energie, von Liebe. Deshalb sollten wir auch Gegenstände respektvoll behandeln und für sie „sorgen" (pflegen, reinigen, am geeigneten Ort aufbewahren) und sie ihrem Zweck entsprechend verwenden; sind sie für uns nicht mehr von Nutzen, geben wir sie an jemanden weiter, der sie noch brauchen kann, oder, ist ihre Lebenszeit abgelaufen, entsorgen sie achtsam. Achtsam heißt: Die gelesene Zeitung nicht einfach wegwerfen, sondern zum Altpapier legen, also bis zuletzt einen liebevollen Umgang mit den Dingen pflegen.

* * *

Die Grenze zwischen einer gesunden Selbstliebe und Egoismus
Sich selbst lieben in spirituellem Sinn hat nichts gemein mit narzisstischer Selbstverliebtheit oder Egoismus, ebenso wenig wie Besitzansprüche und Erwartungen mit Nächstenliebe zu tun haben.

Doch will ich zuerst „egoisch" und „egoistisch" kurz definieren und unterscheiden. Egoistisch kommt von Egoismus. Das ist uns allen ein Begriff und wir haben keine große Mühe, egoistisches Verhalten zu erkennen: Wir sind einzig auf unseren Vorteil bedacht, selbst auf Kosten anderer. Das gilt nicht nur im spirituellen, sondern auch im sozialen und moralischen Kontext als verwerflich. (Die -ismen, wie in Fundamentalismus, Rassismus, Absolutismus, haben oft eine abwertende Bedeutung.) Findet sich in einer zwischenmenschlichen Beziehung also Egoismus, so dürfen wir dabei überhaupt nicht mehr von Liebe sprechen.

→ Das Ego ist das Thema von Kapitel 1 in Band IV, in dem auch die einzelnen Elemente des Ego erläutert sind; Info Seite 231

Egoisch hingegen kommt von Ego, was auf Lateinisch einfach Ich bedeutet, ohne negativen Beigeschmack. In der Spiritualität bezeichnen wir als Ego im Allgemeinen den materiellen, vergänglichen Bestandteil des Menschen (Körper, Denken, Fühlen), im Gegensatz zur Seele und zum höheren Selbst. Alles „Materielle", „Niedere", „Ungöttliche" zählen wir zum Ego, ist also egoisch, wozu vor allem unsere Begierden und Ängste gehören.

→ Höheres Selbst: siehe Glossar Seite 226

Egoische Liebe ist demnach unsere menschliche Form von Liebe, derer wir aufgrund unseres Ego fähig sind, und als solche nicht zu verurteilen. Wir lieben so, wie es unserer Natur entspricht, mit all unseren Wünschen und all unseren Ängsten.

Wollen wir eine dauerhafte, glückliche Beziehung aufbauen, und vor allem wenn wir den spirituellen Pfad beschreiten, gehört es zu unseren Aufgaben, das Ego zu überwinden, loszulassen, zu verwandeln, das heißt eine gesunde Selbstliebe zu entwickeln und gleichzeitig von der egoischen Liebe zur reinen, höheren Liebe zu gelangen. Von außen, oberflächlich betrachtet, scheint diese manchmal nicht so groß und stark wie egoische Liebe. Das hängt damit zusammen, dass sobald die Angst wegfällt, wir eigenständiger und selbstbestimmter werden. Das Fehlen von Eifersucht und Besitzansprüchen sowie unsere Aufrichtigkeit und das konsequente Festhalten am eigenen Lebensplan werden dann oft als Egoismus, Kälte, Herzlosigkeit, Kompromisslosigkeit und mehr gedeutet. Von diesen Urteilen anderer sollten wir uns nicht beirren lassen.

→ Vergleiche auch Antwort auf Seite 35

Allgemeingültige Regeln, wie weit gesunde Selbstliebe gehen soll, gibt es nicht; eine Orientierungshilfe kann die folgende Überlegung geben. Wir allein tragen die Verantwortung für unser Leben und wir haben das Recht, ja die Pflicht, in jeder Situation selbst darüber zu bestimmen. Somit sollten wir für alles, was unser Leben beeinflusst, auf unsere Innere Stimme hören und niemandem erlauben, sich in unseren Lebensplan einzumischen. Natürlich werden in unsere Entscheidungen und Taten meistens auch andere Menschen verwickelt, mehr oder minder stark; sie werfen uns dann manchmal vor, egoistisch und Schuld an ihrem Elend zu tragen. Doch Aussagen wie: „Durch deine Entscheidung machst du mich unglücklich", und noch extremer: „Du bist schuld, dass ich trinke" oder „Wenn du mich verlässt, bringe ich mich um" entspringen dem Ego des anderen und sind seine freie Entscheidungen für sein Leben – damit haben wir nichts zu tun. Umgekehrt gilt natürlich auch, dass wir nicht in den Lebensplan anderer pfuschen dürfen, sondern deren Entscheidungen und Handlungen respektieren und akzeptieren.

→ Das Thema Verantwortung behandle ich ausführlicher in verschiedenen Kapiteln von Band I; Info Seite 229

Dazu ein Beispiel. Dass Eltern ihre Kinder loslassen müssen in ein eigenes Leben, schmerzt es auch, ist allgemein bekannt. Doch auch unseren Partner müssen wir gehen lassen, falls er es will: Verlässt er uns, und sei es wegen eines neuen Partners, so haben wir kein Recht, seine Entscheidung für unser Unglücklichsein verantwortlich zu machen. Leiden wir, so ist das einzig unsere Sache. Jedes andere Verhalten, wie Vorwürfe, emotionale Erpressung und mehr, ist egoisch. Die in uns aufsteigenden Argumente wie „Der Neue liebt ihn doch nicht wirklich", „Diese Beziehung wird ihn nur unglücklich machen", „Ich will ja nur sein Bestes (und das bin ich!)", „Er wird schon sehen, was er an mir verliert" stammen nur aus dem verletzten Ego.

Selbst wenn ehrliche Sorge um ihn mitspielt und sein neuer Partner ihn unglücklich machen wird: Anstatt Angst um ihn zu haben und zu leiden, sollten wir darauf vertrauen, dass alles so geschieht, wie es für alle Beteiligten das Beste ist – für ihre innere Entwicklung, versteht sich, nicht für ihr Ego. So wünschen wir ihm von Herzen alles Gute für sein künftiges Leben – ohne uns.

Übermenschlich, eine solche Gesinnung? Gewiss! Spiritualität geht über das Menschliche hinaus.

→ Ausführlicheres zum Urvertrauen steht vor allem in Kapitel 1 von Band II; Info Seite 230

Sinnbildlich

Himmel und Hölle
Eine jüdische Geschichte

Ein Rabbi fragte einmal Gott, was der Unterschied zwischen Himmel und Hölle sei. „Das schaust du dir am besten selbst an", sagte Gott und führte den Rabbi in einen großen Raum; in der Mitte loderte ein Feuer und darauf war ein Topf, aus dem es wunderbar duftete. Ringsherum saßen abgemagerte, blasse Menschen. In der Hand hielten sie langstielige Löffel: Damit konnten sie zwar aus dem Topf schöpfen, aber die herrliche Speise nicht in den Mund führen.

Der Rabbi schaute Gott fragend an. „Das ist die Hölle", erklärte Gott. „Und jetzt zeige ich dir den Himmel."

Sie schritten weiter in einen zweiten Raum. Auch hier brannte ein Feuer, auf dem in einem Topf ein schmackhaftes Essen brodelte. Die Menschen, die um dieses Feuer saßen, hielten die gleichen langstieligen Löffel in der Hand wie diejenigen im ersten Raum – doch sie sahen gesund, wohlernährt und zufrieden aus. Sie versuchten nicht, sich erfolglos das Essen in den Mund zu schieben – sie fütterten einander gegenseitig.

Illustration:
Jakob Aerne

Fragen & Antworten

→ Diese Begriffe finden sich in „Einführende Gedanken", Seite 20

Sympathie, Empathie: Diese Begriffe stammen aus dem griechischen PATHOS, *was Leiden bedeutet. Ist es wirklich sinnvoll, mit jemandem mitzuleiden?*

Mit*leid* hat in der Tat keinen Sinn, damit ist niemandem geholfen. Wir können Sympathie aber auch als Mit*gefühl* übersetzen, was dem Gebrauch in der Alltagssprache näher kommt, und Empathie entsprechend als Einfühlung.

Einem Menschen mit Sympathie begegnen, mit ihm fühlen bedeutet: uns mit ihm freuen und mit ihm trauern, ihm Offenheit und Verständnis entgegenbringen, an seiner Seite stehen und ihn stützen. Er ist also nach wie vor getrennt von uns, wird als „anderer", als außerhalb wahrgenommen, sind wir ihm noch so nahe.

Empathie geht einen Schritt weiter: Mit dem Einfühlen in ein anderes Wesen, es kann auch ein Tier, eine Pflanze oder Materie sein, heben wir die Trennung auf und leben die Einheit aller Wesen, die Einheit der Schöpfung. Es gibt kein Ich und Du mehr, alles ist eins. Wir können diesen Zustand zwar gedanklich vorwegnehmen, erfahren werden wir ihn aber erst, wenn wir das höhere Bewusstsein erlangt haben,

→ Nirwana: siehe Glossar Seite 227

das Nirwana, die Erleuchtung, die Gottesverwirklichung, wie man es auch nennen mag. Unnötig zu erwähnen, dass dann von Leiden keine Rede mehr sein kann. Solange wir diese Stufe nicht erreicht haben, sollten wir versuchen, uns in andere Wesen einzufühlen, uns in sie hineinzuversetzen, wie man sagt, und eine Situation aus ihrer Sicht zu sehen und zu empfinden. Das fördert unser Verständnis für ihr Denken und Handeln, somit unsere Toleranz und unser Wohlwollen. Es erweitert auch das eigene emotionale Spektrum und unser Wertempfinden und führt uns in der inneren Entwicklung einen Schritt weiter.

* * *

So schlecht ist es doch nicht, unsere Mutter zu lieben, WEIL *sie die Mutter ist und uns ein Leben lang so viel gegeben hat? Oder den Partner,* WEIL *er uns liebt und es uns glücklich macht, ihn zu lieben?*

Ich will an dieser Stelle in aller Deutlichkeit festhalten: Lieben ist immer besser als nicht lieben! Unsere Unfähigkeit, *reine* Liebe zu schenken, soll uns nicht davon abhalten, so zu lieben, wie wir es eben vermögen.

Für unseren spirituellen Weg sollten wir uns aber zumindest bewusst sein, dass unsere Liebe nicht die wahre ist und stets ein egoischer Bestandteil mitwirkt. Es ist diese Ehrlichkeit uns selbst gegenüber, die uns weiterbringt, indem wir unsere Unvollkommenheiten erkennen und uns bemühen, sie zu überwinden. Wir dürfen jedoch nicht dagegen ankämpfen; vielmehr sollten wir versuchen, mehr und mehr reine Elemente in unsere Liebe einzubringen, was für alle unsere Unvollkommenheiten gilt. Denn: Gegen die Dunkelheit lässt sich nicht kämpfen, es ist unmöglich, doch schon ein einziger Lichtstrahl vermag sie zu beseitigen. Mehr Verständnis, Toleranz und Selbstlosigkeit, weniger Erwartungen und Forderungen – das sind Schritte auf dem Weg zur reinen Liebe.

→ Mehr zur Willenskraft anstelle des Kampfes findet sich in Kapitel 5 von Band I; Info Seite 229

Was nicht heißt, wir sollen uns dem Ego der Mitmenschen unterwerfen. An uns gestellte Forderungen erfüllen wir nur, falls wir sie als richtig für uns spüren, niemals aus Angst, jemanden durch ein Nein zu verletzen oder zu verlieren. Wir trauen uns, offen auszusprechen, was wir möchten und was nicht, und geben nicht nach aus Angst, nicht mehr geliebt zu werden. Wir schenken unsere Liebe selbstlos und uneingeschränkt, verteilen sie nicht nach Verdienst, aber wir lassen uns nicht benutzen, nur um unser Selbstwertgefühl zu erhalten oder zu stärken.

→ Mehr zur Abgrenzung von anderen Egos in Kapitel 1 von Band IV; Info siehe Seite 231

→ Mehr zur Liebe zum Partner und den übrigen geliebten Menschen in Kapitel 4, Seite 111ff.

* * *

Man hört immer wieder, wir sollen in uns selbst geborgen sein. Das sagt sich leicht! Aber wie machen wir es, ganz praktisch?
Der Ausdruck Geborgenheit existiert nicht eigenständig in der italienischen und französischen Sprache, nicht einmal in der wortreichen englischen, und wird jeweils mit Sicherheit und/oder Schutz übersetzt. Geborgenheit ist jedoch mehr, beinhaltet auch Ruhe, Frieden, Nähe. Geborgenheit ist eines der wichtigsten Grundbedürfnisse des Menschen

und wir erfahren sie als Kinder durch die Eltern und andere Bezugspersonen (oder leider auch nicht). Dann geht es aber darum, diese äußere Geborgenheit, die uns geschenkt wurde und uns sozusagen umhüllt, in eine innere Geborgenheit umzuwandeln, in unsere ureigene Geborgenheit, die nicht länger abhängig ist von äußeren Umständen. Sie beruht auf der Erkenntnis unseres Selbstwerts und auf unserem Ur- oder Gottvertrauen.

→ Vergleiche Seiten 25/26

Wie kommen wir also ganz praktisch zu einem gesunden Selbstwertgefühl und zu Urvertrauen? Menschen, die diese in der Kindheit erfahren durften, nehmen sie manchmal auch ins Erwachsenenalter mit. Sonst müssen sie, wie alle anderen, es lernen. Das ist oft ein langer Prozess, der sich aber auf jeden Fall für jeden Menschen lohnt, unabhängig vom Streben nach spiritueller Entwicklung. Zutiefst, anhaltend glücklich können wir nur werden, wenn wir uns in uns selbst geborgen fühlen und nicht mehr von anderen Menschen und den Gegebenheiten abhängig sind.

Anregungen zum Aufbau des Selbstwertgefühls finden sich in der Aufgabe zur Selbstveränderung.

→ Seite 42

* * *

Ist die Unterscheidung zwischen der „Nächstenliebe mit ein bisschen Angst, den Geliebten zu verlieren" und der „reinen Liebe" nicht bloß eine Spitzfindigkeit? Für den geliebten Menschen macht es keinen Unterschied, Hauptsache er fühlt sich geliebt...

Selbst wenn es für den Geliebten das Gleiche wäre, was nicht zutrifft, so macht es einen Unterschied für uns selbst. Unter dem Einfluss von Angst, und sei es auch nur „ein bisschen", denken und handeln wir anders, als wir es ohne Angst täten. Wir sind nicht gänzlich urteilsfähig und unsere Taten nicht im Einklang mit unserem freien Willen. Die Angst, ein Bestandteil des Ego, übt Einfluss auf uns aus, es ist, als folgten wir dem Rat eines schlechten Beraters. Und weil wir nicht mehr *richtig* handeln, sind wir dem geliebten Menschen, dem Partner, einem Freund, Geschwistern, also jedem Mitmenschen, keine *auf-richtige* Stütze mehr (deshalb macht es auch für ihn einen Unterschied): Wir *richten ihn nicht auf,* weil wir uns nicht trauen, ihm eine unangenehme Wahrheit zu offenbaren, oder Kompromisse eingehen und ihn dadurch der Möglichkeit berauben, durch eine Einsicht, eine Konfrontation, einen Schmerz zu lernen.

Es ist für jeden Menschen schön, sich geliebt zu fühlen. Doch für eine *aufrichtige* Beziehung reicht das nicht. Bei Kindern können wir dies am deutlichsten erkennen: Es ist ungeheuer wichtig für sie, sich geliebt zu fühlen, doch nicht selten sehen wir, wie Eltern aus Angst, deren Liebe zu verlieren, bei der Erziehung nicht konsequent vorgehen, sich nicht trauen, die Einhaltung von Grenzen einzufordern oder ihnen einen Wunsch abzuschlagen, alles daran setzen, die eigenen Fehler und Schwächen nicht preiszugeben.

Es leuchtet ein, dass diese Form der Eltern-Kind- oder Partner- oder Freundschafts-Beziehung – schlicht jeder zwischenmenschlichen Beziehung – der psychischen, geistigen und spirituellen Entwicklung nicht förderlich ist, weder für uns selbst noch für die anderen.

* * *

Beim Versuch, unsere Abhängigkeit von der Liebe eines Menschen zu lösen, ist uns manchmal, als empfänden wir gar keine Liebe mehr für ihn. Kann das richtig sein?
Was wir beim Lösen der Abhängigkeit erfahren, ist eine Art *Leere.* Bemühen wir uns nämlich darum, unsere auf einer gewissen Abhängigkeit begründete Liebe in eine höhere, reinere zu verwandeln, so müssen wir ja zuerst einmal etwas loslassen, nämlich die Anhaftung und die Angst, was eine Lücke hinterlässt. Wir können auch sagen: Unser inneres Gefäß muss zuerst von Altem geleert werden, bevor es mit Neuem gefüllt werden kann. Da unsere Liebe jedoch eine abhängige war, interpretieren wir das Fehlen der Abhängigkeit irrtümlicherweise so, als fehlte die Liebe selbst. Dass dem nicht so ist, erfahren wir, sobald sich die neue, reinere Form der Liebe in uns ausgebreitet hat, nach einem mehr oder minder langen Zeitraum. Die Periode der Leere sollten wir geduldig vorbeigehen lassen und nicht an unserer Liebe zum anderen Menschen zweifeln, denn sie ist nicht verloren gegangen.

→ Die Anhaftung ist das Thema von Kapitel 4 in Band IV; Info siehe Seite 231

Dieses Phänomen ist generell recht häufig zu beobachten, wenn wir einen Schritt von einer Bewusstseinsebene auf die nächsthöhere machen. Wir können es uns bildlich so vorstellen: Wir heben einen Fuß und setzen ihn eine Treppenstufe höher. Während dieses Vorgangs und bis wir den zweiten Fuß nachgezogen haben, hängen wir zwischen zwei Stufen, das Gleichgewicht ist etwas labiler, wir sind zwar nicht mehr unten, aber auch noch nicht richtig oben. Oft empfinden wir in diesem schwebenden Zustand neben der Leere auch Mutlosigkeit oder Ungeduld, weil alles stillzustehen scheint, kein offensichtlicher Fortschritt erkennbar ist. Doch unsere innere Entwicklung geschieht wie hinter einem Schleier: Lange ändert sich vermeintlich nichts – doch plötzlich stellen wir mit Erstaunen und Freude fest, dass wir einen Schritt vorangekommen sind, eine Stufe nun ganz erklommen haben.

* * *

→ Ausführlicheres zu solchen Verhaltensweisen siehe Kapitel 4, Seite 111ff.

Welche Verhaltensweisen verraten uns, dass wir egoisch lieben, selbst wenn wir unsere Liebe für rein halten?
Hier eine stichwortartige Aufzählung, bei Weitem keine abschließende, von egoischen Verhaltensweisen in Liebes- und Freundschaftsbeziehungen:
• jede Form von Eifersucht und Neid, etwa wenn wir uns nicht mit dem anderen freuen, falls er ohne uns glückliche Momente erlebt, oder der nagende Wunsch, mit dabei zu sein; das mangelnde Verständnis dafür, dass er auch ein Eigenleben führt, und unsere Versuche, ihn mit Diplomatie, List oder Manipulation daran zu hindern;
• emotionale Erpressung: „Wenn du mich liebst, dann tust du das"; aber auch Aussagen wie „Ich würde alles für dich tun" oder „Ich kann ohne dich nicht leben" – reine Liebe hat es nicht nötig, dies mitzuteilen;

→ Vergleiche Seite 130

→ Vergleiche Seite 123

• Enttäuschung wegen nicht erfüllter Erwartungen: „Er hat den Hochzeitstag vergessen"; „Er müsste doch merken, dass ich …"; „Wieso kommt er nicht selbst darauf, dass …";
• Schuldzuweisungen für unser Befinden: „Wegen ihm bin ich wütend"; „Weil er sich derart verhält, leide ich"; „Wenn sie das tut, macht sie mich traurig";

- Alle Versuche, andere zu ändern, und Einmischungen in ihre freie Entscheidung: „Ich will doch nur das Beste für ihn"; „Ich weiß genau, was ihm guttut".

* * *

Warum sind wir uns selbst gegenüber oft unnachgiebiger als anderen gegenüber? Und sogar als andere uns gegenüber?

Dazu folgende Gedanken:
- Von uns selbst erwarten wir die auf unserem Idealbild begründete Vollkommenheit. Werden wir ihr nicht gerecht, was wir nie und nimmer können, verurteilen wir uns gnadenlos für unsere vermeintlichen Fehler und unser Versagen, woraus eine harte Eigenbewertung resultiert. →Vergleiche Seite 23
- Dazu kommt unsere ständige Befürchtung, andere könnten merken, dass wir nicht so vollkommen sind, wie wir meinen sein zu müssen, und wir geben uns alle erdenkliche Mühe, perfekt zu sein, damit sie uns nicht sehen, wie wir wirklich sind. Doch vor uns selbst können wir nichts vertuschen und wir fühlen uns umso schlechter, schuldiger und unwürdiger, verurteilen uns dafür und strengen uns noch stärker an.
- Weil wir uns selbst nicht für wertvoll halten, glauben wir, alle Mitmenschen hätten das gleiche Bild von uns; begegnet uns jemand trotzdem mit Wohlwollen und bringt uns Achtung oder Liebe entgegen, sind wir ihm so dankbar, dass wir nicht nur von seiner Zuwendung abhängig werden und fortan unter Verlustangst leiden, sondern auch großzügig über seine Unzulänglichkeiten hinwegsehen.

Ich will an dieser Stelle aber noch erwähnen: Das Umgekehrte kommt auch oft vor. Weil wir an uns selbst solch hohe Ansprüche stellen, tun wir dies auch bei anderen, Ansprüche, die sie, wie wir ja auch, nie und nimmer erfüllen können. Daraus ergeben sich viele zwischenmenschliche Probleme und Konflikte, besonders innerhalb der Familie und der Partnerschaft.

Weisheiten

Wenn man die Kreaturen in Gott erkennt, so [...] schaut man die Kreaturen ohne alle Unterschiede und aller Bilder entbildet und aller Gleichheit entkleidet in dem Einen, das Gott selbst ist.
Meister Eckhart

Das Wesen der Gottheit ist in jedem einzelnen Ding – nichts existiert außer ihm. Da es der Grund für die Existenz von allem ist, kann nichts durch etwas anderes leben. Sein Wesen gibt allem Leben; seine Existenz existiert in allem Existenten. [...] Erkenne daher, dass Ain Soph [= das Unendliche] in allem, was existiert, vorhanden ist. Sage nicht: „Das ist ein Stein und nicht Gott." Gott behüte! Die gesamte Existenz ist Gott, und der Stein ist ein Ding, das von Gottheit erfüllt ist.
[...]
Gott nährt alles, vom gehörnten Büffel bis zu den Nissen, er missachtet kein Geschöpf – würde er Geschöpfe wegen ihrer Unwichtigkeit missachten, könnten sie keinen Augenblick überleben. Vielmehr blickt er auf sie alle und verströmt Erbarmen. So solltest auch du gut zu allen Geschöpfen sein und keines missachten. Selbst das unwichtigste Geschöpf sollte in deinen Augen wichtig sein; denke daran. Tue Gutes für jeden, der deine Güte braucht.
Moses Cordovero

Das Höchste in der Welt und das Tiefste, Gott, bist du. Ich weiß nicht, was du bist. Aber dies weiß ich: Alles, was ist, bist du.
Firdousi

Ich wollte ein Stein werden in steiniger Behausung, um die Liebe zu fliehen – aber auch aus dem Stein sprangen die Funken der Liebe!
Hafis

O Sohn des Geistes! Edel erschuf ich dich, du aber hast dich selbst erniedrigt. So erheb dich zu dem, wozu du erschaffen wurdest.
Baha'i Weisheit

Nur wenn wir versuchen, jemand anderen zu beherrschen und Kontrolle über ihn auszuüben, sind wir egoistisch. Aber die Welt will uns weismachen, dass es egoistisch ist, den eigenen Wünschen zu folgen.
Edward Bach

Wer sich selbst nicht auf die rechte Art liebt, kann auch andere nicht lieben. Denn die rechte Liebe zu sich ist auch das natürliche Gutsein zu anderen. Selbstliebe ist also nicht Ichsucht, sondern Gutsein.
Robert Musil

Nichts macht uns feiger und gewissenloser als der Wunsch, von allen Menschen geliebt zu werden.
Marie von Ebner-Eschenbach

Die meisten Menschen gehen nicht am Leben zugrunde, sondern an einer unglücklichen Liebe – zu sich selbst.
Gerhard Uhlenbruck

Glücklich, wer liebt und nicht wünscht, deshalb geliebt zu werden.
Glücklich, wer ehrt und sich nicht wünscht, deshalb geehrt zu werden.
Glücklich, wer dient und nicht wünscht, deshalb bedient zu werden.
Glücklich, wer andere gut behandelt und nicht wünscht, deshalb gut behandelt zu werden.
Aegidius von Assisi

Niemand kann dafür sorgen, dass es dir gut geht, wenn das Gute nicht bereits in dir ist.
Sandro Veronesi

Es ist besser zu geben als zu nehmen. Aber manchmal liegt mehr Demut im Nehmen als im Geben.
Søren Kierkegaard

Die tragenden Gedanken

✧ Alles ist eins, in allem ist das göttliche Bewusstsein. Deshalb achte ich Menschen, Tiere, Pflanzen und alles Unbelebte und begegne ihnen mit Wohlwollen.

✧ Ich weiß, dass ich wertvoll bin, allein weil das göttliche Bewusstsein in mir ist und ich Teil des Göttlichen bin. Mein Wert hängt nicht davon ab, was ich besitze oder leiste. Deshalb akzeptiere ich mich, wie ich bin, mit meinen guten Eigenschaften und meinen sogenannten Fehlern.

✧ Ich fühle mich in mir selbst geborgen und von keinem Menschen abhängig, habe keine Angst, nicht (mehr) geliebt zu werden oder einen geliebten Menschen zu verlieren.

✧ Wenn ich andere Menschen liebe, mache ich meine Liebe nicht davon abhängig, ob diese Menschen meine Erwartungen und Forderungen erfüllen: Ich liebe sie einfach, bedingungslos und vorbehaltlos.

✧ Ich lasse mich nicht von der falschen Liebe anderer Menschen blenden, die zwar alles für mich tun, aber in Wirklichkeit nur, weil sie Erwartungen damit verbinden oder daraus ihren eigenen Selbstwert nähren.

✧ Bei meinem inneren Wandel von egoischer zu reiner Liebe bin ich mir bewusst, dass ich für eine Weile eine gewisse Leere empfinden kann, und ich halte diese aus.

INNENSCHAU

✧ Nehme ich mich an, wie ich bin, mit allen Unzulänglichkeiten? Akzeptiere ich beispielsweise mein schütteres Haar, meine große Nase? Dass mir eine berufliche Karriere versagt blieb? Wie ich aus der letzten Erfahrung nichts oder nur wenig gelernt habe?

✧ Gönne ich mir etwas – ein schönes Kleid, eine Ruhepause und alle anderen erfreulichen Dinge – oder meine ich, es nicht wert zu sein?

✧ Glaube ich, andere Menschen hielten mich nicht für wert, geschätzt und geliebt zu werden?

✧ Handle ich manchmal nicht so, wie ich es spüre, aus Angst, jemanden zu verletzen oder seine Liebe und/oder Zuwendung und/oder Anerkennung zu verlieren?

✧ Lasse ich mich von anderen emotional erpressen, weil sie angeblich so viel für mich tun oder mich so sehr lieben?

✧ Erwarte oder fordere ich etwas von Menschen, die ich liebe und/oder die mich lieben?

✧ Nimmt meine Liebe für einen Menschen ab, wenn er sich nicht so verhält, wie ich es möchte?

✧ Bewerte ich andere Menschen aufgrund ihrer Eigenschaften oder ihres Besitzes?

Aufgabe zur Selbstveränderung

> **Entwicklungsziel**
>
> Ich lerne, mich anzunehmen und zu lieben: Ich erkenne mich als wertvoll, und ich höre auf, mich wegen meiner Unzulänglichkeiten zu verurteilen.
> Ich nehme meine Mitmenschen an, wie sie sind, und begegne ihnen mit einer grundlegenden Sympathie.
> Ich respektiere alle Wesen und Dinge, belebt oder unbelebt, und gehe sorgsam mit ihnen um.

→ Bitte beachte „Tipps zum Umgang mit der Sonnwandeln-Reihe" auf Seite 17

Du findest nachfolgend zwei Hauptaufgaben, die erste, um dich selbst mehr zu lieben, und die zweite, um den Mitmenschen mit mehr Wohlwollen und Respekt zu begegnen. Entscheide selbst, welche für dich wichtiger ist, und mit dieser fängst du an. Die zweite nimmst du erst nach einiger Zeit (einigen Wochen) hinzu. Beide Aufgaben erfordern nämlich eine Menge Konzentration und Wachsamkeit in jedem Augenblick, in dem du mit Menschen zusammen bist, weshalb du dich zuerst auf einen einzigen Aspekt beschränken sollst (Selbstliebe oder Nächstenliebe).

Der Zusatzaufgabe hingegen kannst du dich sofort gleichzeitig widmen, sie verlangt dir nur etwas Einsicht und guten Willen ab.

→ Wesentlich ausführlicher erläutert sind der Aufbau und die Stärkung von Selbstliebe und Selbstwertgefühl in meinen beiden Büchern zu diesem Thema; Info siehe Seite 233

Aufgabe A: Ich liebe mich selbst und baue mein Selbstwertgefühl auf.

• Ich respektiere mich und nehme mich an, wie ich bin; mache ich einen Fehler, so betrachte ich ihn, stehe dazu, nehme mir vor, es das nächste Mal besser zu machen, verurteile mich jedoch nicht und fühle mich nicht schlecht oder unfähig.

• Ich bezeichne mich selbst nicht mit Schimpf- oder abwertenden Wörtern. Beispiel: „Ich Dummkopf!", „Wie kann ich nur so blöd sein?", „Ich bin doch wirklich zu dämlich!" Und ich verzeihe mir alles, was ich falsch zu machen meine.

• Ich liebe mich selbst und zeige es dadurch, dass ich keinen grimmigen, traurigen, angespannten Gesichtsausdruck habe; man sieht mich stets mit einem entspannten, selbst-

zufriedenen Lächeln auf den Lippen. Ich achte ebenfalls auf eine aufrechte Körperhaltung.
- Erwarten oder fordern andere Menschen etwas von mir, so spüre ich gut in mir, ob ich es auch will, andernfalls sage ich Nein dazu.
- Ich lasse mich nicht fremdbestimmen; ich höre mir zwar die Meinung anderer an, treffe meine Entscheidungen aber selbst, ausschließlich nach meinem Urteil.
- Ich gönne mir Muße, schöne Dinge, Vergnügen, Freuden – alles, was ich möchte.

Aufgabe B: Ich liebe meine Mitmenschen und begegne ihnen mit Verständnis, Geduld und Wohlwollen.
- Ich verzeihe meinen Mitmenschen Fehler und zeige viel Geduld für ihren Lernprozess. Ich versuche immer, ihre Verhaltensweisen und Motive zu verstehen (nicht unbedingt zu entschuldigen oder zu billigen), sind sie mir noch so zuwider – und schlussendlich als ihr eigen stehenzulassen, ohne mich persönlich verletzt, beleidigt oder angegriffen zu fühlen, denn ich bin mir bewusst, dass die Verschiedenheit der Menschen zum göttlichen Plan gehört.
- Ich habe keine Erwartungen an Mitmenschen und bemesse mein Wohlwollen nicht daran, ob sie sich so verhalten, wie ich es mir vorstelle.
- Ich begegne allen Mitmenschen mit grundlegender Offenheit und Sympathie – deshalb zeige ich mich ihnen stets mit einem entgegenkommenden Lächeln.

Zusatzaufgabe: Ich liebe die Dinge.
Ich behandle jeden Gegenstand mit Achtung, im Wissen dass in allem das göttliche Bewusstsein ist. Beispiele: Ich werfe Dinge nicht einfach hin, sondern lege sie sorgfältig hin; ich benutze die Dinge ihrem Zweck gemäß und beschädige sie nicht fahrlässig, ich schneide beispielsweise keinen Kunststoff mit einer Papierschere; ich verwende die Dinge, ich lasse sie nicht ein nutzloses Dasein fristen, und wenn ich etwas nicht mehr brauchen kann, gebe ich es an jemanden weiter, der noch Verwendung dafür hat.

Affirmationen

→ Bitte beachte die detaillierte Anleitung auf Seite 216

Ich bin es wert, mich selbst zu lieben.

Ich bin es wert, geliebt zu werden.

Ich nehme mich an und liebe mich, wie ich bin.

Ich wage jetzt, ich selbst zu sein.

Ich nehme mein … [etwas, das ich an mir nicht mag] an.

Ich verzeihe mir alle meine Unzulänglichkeiten.

Ich lasse die Vergangenheit los und verzeihe mir alles.

Ich bin voller guter Eigenschaften, ich lasse sie jetzt wirken.

Ich fühle mich in mir selbst wohl und geborgen.

Ich finde jetzt Lebensfreude und Zuversicht in mir.

Ich fühle mich vom Göttlichen geliebt und getragen.

Ich öffne mein Herz der Liebe für alle Wesen.

Ich sehe in jedem Menschen das Beste und Höchste.

In jedem Menschen sehe ich das Göttliche.

Ich bin eins mit dem Göttlichen, ich bin eins mit allen Wesen.

Ich gehe liebevoll mit Mitmenschen und Dingen um.

Ich behandle alle Mitmenschen mit Respekt.

IMAGINATION

- Ich befinde mich an einem vertrauten Ort; hier fühle ich mich sicher und geborgen, ich spüre die Ruhe um mich und in mir.
- Ich lasse mich in mich selbst fallen, richte meine Aufmerksamkeit nach innen, in den Bereich hinter dem Herzen, in der Mitte der Brust. Hier ist ein weißer, strahlender Lichtpunkt, es ist die Liebe, ich fühle die wohltuende Energie.
- Langsam weitet sich der Lichtpunkt, er wird größer und größer, bis er mich ganz erfüllt, mein ganzer Körper ist ausgefüllt mit dem strahlenden Licht der Liebe. Es ist meine Liebe zu mir, die göttliche Liebe zu mir, ich fühle mich darin geborgen.
- Das strahlende Licht der Liebe breitet sich weiter aus und bildet eine Aura um meinen Körper, ich fühle mich in dieser Liebe sicher und beschützt.
- Das strahlende Licht der Liebe breitet sich weiter aus und erfüllt den ganzen Raum, in dem ich mich gerade befinde, alles ist eingehüllt in Liebe.
- Das strahlende Licht der Liebe breitet sich weiter aus, erfüllt das ganze Haus und hüllt alle Menschen ein, die sich darin befinden.
- Das strahlende Licht der Liebe breitet sich weiter aus und erfüllt das ganze Quartier ... das ganze Dorf/die ganze Stadt ... das ganze Land ... ganz Europa ... die ganze Welt ... und es breitet sich weiter aus in die Unendlichkeit des Alls.
- Ich bin dabei die ganze Zeit und immer noch im Zentrum dieses unendlichen strahlenden Lichts der Liebe, das alles erfüllt. Ich fühle mich wohl und geborgen, genieße den Frieden in mir und weiß mich liebend und geliebt.
- Beginnt die Erfahrung zu verblassen, atme ich tief in den Bauch, öffne die Augen, verharre noch eine Weile regungslos, schaue um mich, spüre meinen Körper und bewege mich langsam.

→ Bitte beachte die detaillierte Anleitung auf Seiten 217ff.

Empfohlene Bach-Blüten

→ Bitte beachte die detaillierte Anleitung auf Seiten 220ff.

Haupt-Blüten

Seelenzustand	Nr.
Ich bin hart zu mir selbst, fordere erbarmungslos von mir und/oder unterdrücke meine berechtigten Bedürfnisse.	27
Ich mache mir oft Selbstvorwürfe und/oder habe Schuldgefühle.	24
Ich habe wenig Selbstvertrauen und/oder fühle mich anderen unterlegen.	19
Ich habe kein Vertrauen in meine Entscheidungen.	5
Ich kann nicht Nein sagen.	4

Gewählte Blüten:

☐ ☐ ☐ ☐ ☐

Zusatz-Blüten

Seelenzustand	Nr.
Ich ziehe mich innerlich von meinen Mitmenschen zurück und/oder ich fühle mich ihnen überlegen.	34
Ich be-/verurteile meine Mitmenschen ohne Einfühlungsvermögen und/oder bin intolerant.	3
Ich bin sehr mit mir selbst beschäftigt, will im Mittelpunkt stehen.	14
Ich weiß, was ich will, und will jeweils meinen Willen durchsetzen und/oder ich bin nicht besonders teamfähig.	32

Gewählte Blüten:

☐ ☐ ☐ ☐

EMPFOHLENER HEILSTEIN: MAGNESIT

→ Bitte beachte die detaillierte Anleitung auf Seite 223

Wirkung

Der Magnesit fördert die Selbstbejahung und Selbstliebe, aber auch die Geduld den Mitmenschen gegenüber und die Fähigkeit, sich ihnen zu widmen; gleichzeitig stärkt er das Ausdrucksvermögen.
Er vermittelt Frieden mit sich selbst, bringt entspannte Gelassenheit, Ausgeglichenheit und Zufriedenheit.
Zudem lindert er Angst und Überempfindlichkeit.

Anwendung

Auf sich tragen, am besten mit direktem Hautkontakt. Der Magnesit ist ein persönlicher Stein, er sollte nicht an andere ausgeliehen werden.

Reinigen und Aufladen

Regelmäßig unter fließendem lauwarmem Wasser reinigen. Zum Aufladen über Nacht in eine Bergkristallgruppe legen.

Rückschau und Vorschau

Nachdem du eine Weile – in der Regel mehrere Wochen – in deinem Alltag zum Thema dieses Kapitels an dir gearbeitet hast, blickst du kurz zurück und schaust, wo du stehst. Kreuze bei den untenstehenden Aussagen an, was auf dich zutrifft. Sei ehrlich zu dir selbst, ohne falsche Bescheidenheit und ohne Selbstvorwürfe oder Entmutigung – es ist nur eine Bestandesaufnahme, ohne Wertung, um zu erkennen, in welchem Bereich du dich noch bemühen kannst... damit du wirst, was du bereits bist.

Lernziele dieses Kapitels Erreicht:	Ja	Nein
Ich nehme folgende „Fehler", „Makel", „Unzulänglichkeiten" (äußerliche und innerliche) an mir jetzt an:		
Ich stelle weniger Forderungen an mich selbst und verurteile mich nicht mehr so hart, wenn ich meinen Erwartungen nicht genüge. Oder: Ich fühle mich meinen Mitmenschen gegenüber weniger unterlegen, schuldig und/oder von ihnen besser verstanden, angenommen, respektiert.	☐	☐
Ich habe in mir das Bewusstsein gepflegt, dass ich wertvoll an sich bin, als göttliches Wesen, unabhängig von meiner Leistung und meinem Besitz.	☐	☐
Ich lasse mich weniger häufig fremdbestimmen und habe vermehrt den Mut, ich selbst zu sein.	☐	☐
Es gelingt mir besser, meinen Mitmenschen mit einem grundlegenden Wohlwollen zu begegnen und/oder sie anzunehmen und ihnen ihre „Fehler" zu verzeihen.	☐	☐
Die Liebe für meine Nächsten mache ich nicht mehr von ihrem Verhalten, ihrer Liebe zu mir abhängig.	☐	☐
Meinen Mitmenschen gegenüber bin ich weniger ungeduldig und unnachsichtig.	☐	☐
Ich behandle die Dinge mit mehr Achtung und Sorgfalt und nutze sie zweckgemäß.	☐	☐

Mein weiterer Entwicklungsschritt

Notiere jetzt eine Einsicht/Herausforderung/Aufgabe, an der du arbeiten willst – aber nur eine!
Dann prägst du sie dir gut ein, bittest das Göttliche, dich dabei zu führen und dein Bemühen zu fördern, und lässt sie los. Du kannst jetzt mit dem nächsten Kapitel und dessen Aufgaben weiterfahren.

Den Entwicklungsschritt, den du hier aufgeschrieben hast, darfst du von Zeit zu Zeit nachlesen, gewissermaßen zur Erinnerung, aber beschäftige dich gedanklich nicht mehr damit. Den Impuls hast du nämlich gesetzt – überlass es dem Göttlichen, ihn so umzusetzen, wie es für dich gut ist.

....

....

....

....

....

....

....

....

....

....

....

....

....

....

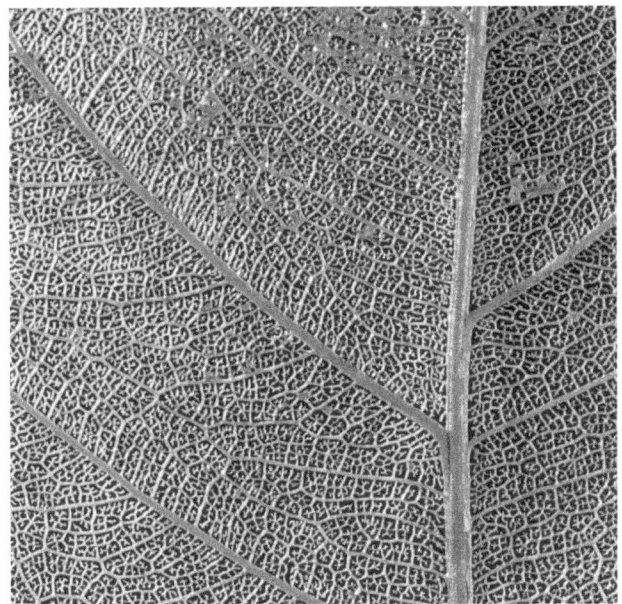

Wie könnte die Liebe des Göttlichen in der Welt fließen, wenn nicht von Mensch zu Mensch, von Wesen zu Wesen? Wie der Pflanzensaft in den feinen Äderchen bis zu den äußersten Blattzellen gelangt, so sollten wir unser Wohlwollen zu allen Wesen strömen lassen. Sonst verdursten sie. Und wir mit ihnen.

2. Nächstenliebe – doch das oberste Gebot?

Themen dieses Kapitels
• Wahre Nächstenliebe erwartet keinen Dank und keine Gegenleistung • Respekt und Gleichbehandlung • Sich selbst ernst, aber nicht wichtig nehmen • Selbstliebe und Nächstenliebe – wo ist die Grenze? • Liebe deine Feinde: eine Illusion? • Die Grenze zum Egoismus • Nächstenliebe aus Gewohnheit und Konvention? • Nächstenliebe lässt sich lernen

Entwicklungsziel
Ich bemühe mich, in jedem Menschen stets den göttlichen Kern zu sehen, unabhängig von seiner äußeren Erscheinung und seinem Verhalten, und ihn so zu behandeln, wie ich selbst behandelt werden möchte.
Ich versuche, hinter seine Fassade zu blicken und die Beweggründe für seine Verhaltensweisen zu erkennen und zu begreifen, wenn auch nicht zu billigen.

Einführende Gedanken

Nächstenliebe erst nach der Selbstliebe
In unserem Kulturkreis kranken mehr Menschen an mangelnder Selbstliebe als an mangelnder Nächstenliebe; deshalb lege ich in den meisten Aussagen der Sonnwandeln-Buchreihe den Schwerpunkt auf die Stärkung des Selbstwertgefühls, auf die Ermutigung, zu sich selbst zu stehen, sich gegenüber anderen Egos abzugrenzen, seinen eigenen Weg kompromisslos zu gehen und mehr dergleichen.

→ Vergleiche Seiten 59/60

Bevor wir nicht gelernt haben, uns selbst wahrhaft zu lieben, sind wir nicht fähig, anderen Wesen bedingungslose, echte Liebe zu schenken. In diesem Prozess, uns selbst lieben zu lernen, kann es durchaus geschehen, dass das Pendel zeitweilig ins andere Extrem ausschlägt: Haben wir vorher die eigenen Bedürfnisse stets zugunsten der Mitmenschen unterdrückt, ein fremdes statt unser eigenes Leben gelebt, so neigen wir jetzt vielleicht dazu, uns allzu sehr nur auf uns selbst zu beziehen, möglicherweise weisen wir sogar neue egoistische Tendenzen auf. Das ist ein natürlicher Prozess, kein Grund für Schuldgefühle oder Selbstverurteilung.

Doch stehen wir an diesem Punkt, so ist die Zeit gekommen, uns selbst und unsere Bedürfnisse wieder etwas zu relativieren, unseren Blickwinkel wieder mehr auf die Mitmenschen zu richten – natürlich ohne uns selbst untreu zu werden oder gar gegen die Innere Stimme zu handeln.

→ Diese beiden Standpunkte erläutere ich ausführlicher auf den Seiten 55/56

Es gibt zwei kontroverse, provokante, für mich jedoch gleichwertige Standpunkte:
• Wenn jeder Mensch nur an die anderen denkt, sind alle glücklich auf dieser Welt.
• Wenn jeder Mensch nur an sich selbst denkt, sind alle glücklich auf dieser Welt.

Der Lebensweg eines jeden Menschen ist verschieden von allen anderen, jeder hat seine eigenen Aufgaben und Lerninhalte, seinen eigenen Rhythmus und sein eigenes Tempo. Für uns spirituell Suchende geht es darum, bewusst zu einem Gleichgewicht zu finden, zu der Einheit, die alle Extreme und alle Mittelwege verbindet und enthält.

Nächstenliebe – was ist das?

Ich lasse in diesem Zusammenhang die Paarbeziehungen unbeachtet, da sie spezifische Herausforderungen und Eigenheiten mit sich bringen; ich erinnere aber daran, dass wahre Liebe, unabhängig von der geliebten Person, frei von Angst ist, nämlich von Verlustangst, Angst nicht geschätzt, anerkannt, geliebt zu werden, Angst zu verletzen und mehr, und somit von Forderungen und Erwartungen.

→ Mehr zu Paarbeziehungen in Kapitel 4, Seiten 111ff.

Liebe ist jedenfalls ein großes Wort, das wir stets mit starken Emotionen verbinden und nur für einen begrenzten Personenkreis verwenden. Deshalb sollten wir Nächstenliebe eher als grundlegende Sympathie oder Empathie bis zu wohlwollender Zuwendung verstehen. Es geht nicht darum, jeden zu umarmen, kritiklos anzunehmen, mit unserem letzten Hemd zu beschenken, ganz nahe an uns heranzulassen, ... Es ist schon viel, begegnen wir den Mitmenschen mit Unvoreingenommenheit, Offenheit, Entgegenkommen und respektieren ihre Besonderheiten und ihren eigenen Weg, ohne sie aufgrund ihres Aussehens, Besitzes, Verhaltens zu bewerten und einzuordnen.

→ Vergleiche Seiten 26/27 und Seite 32

Das beginnt damit, nicht zuerst das Schlechte, sondern das Gute in ihnen zu sehen. Denn so, wie wir sie sehen, so sind sie – oder werden es. Dazu gibt es eine hübsche Geschichte aus dem alten Griechenland.

Auf dem Weg nach Athen fragte ein Reisender den Fabeldichter Äsop: „Wie sind denn die Leute in Athen?"

Äsop fragte zurück: „Wie sind denn die Leute dort, wo du lebst?"

Der Mann antwortete: „Ich komme aus Argos. Die Menschen dort sind Taugenichtse, Lügner, Diebe, ungerecht und streitsüchtig."

Äsop meinte: „Du wirst auch in Athen die gleichen Leute finden."

Später stellte ein anderer Reisender Äsop die gleiche Frage, und auch von ihm wollte der Dichter zuerst wissen, wie die Menschen in seiner Heimat seien. Der Reisende antwortete: „Ich komme aus Argos, wo alle Menschen nett, freundlich, ehrbar und wahrhaftig sind."

Da lächelte Äsop und sagte: „Du wirst auch in Athen die gleichen Leute finden."

Sich nicht aufopfern und nichts erwarten

→ Siehe Seite 59

Was wir auch immer für die Mitmenschen tun, wir sollen es nie als Opfer empfinden und darunter leiden. Geben wir, Materielles oder Immaterielles, haben jedoch das Gefühl, uns selbst gehe etwas „verloren", es fehle uns oder wir „übten Verzicht", so sprechen wir von einem Opfer – und das hat nichts mit wahrer Nächstenliebe zu tun. Aus freiem Herzen handeln wir nur dann, wenn wir bei einem Akt der Nächstenliebe die gleiche Freude, Lust, Zufriedenheit empfinden, als täten wir damit uns selbst etwas Gutes.

Ebenso darf dabei nicht die geringste Erwartung von Dankbarkeit, Anerkennung, Gegenleistung aufkommen, nicht einmal die eigene Befriedigung, eine gute Tat vollbracht oder für einen anderen zurückgesteckt zu haben.

Ferner macht wahre Nächstenliebe keine Unterschiede zwischen den Menschen. Uns lieb zu verhalten gegenüber denjenigen, die wir mögen, die ebenso lieb zu uns sind, ist nicht schwer. Doch wie steht es mit denen, die uns beleidigen, betrügen, ausnutzen? Mit Egoisten, Arroganten, Unverschämten? Begegnen wir ihnen mit dem gleichen Wohlwollen? Lieben wir unsere Feinde, wie Jesus es forderte?

→ Siehe Seite 61

VERTIEFENDE ASPEKTE

Wenn jeder Mensch nur an die anderen denkt, sind alle glücklich auf dieser Welt. Und wenn jeder Mensch nur an sich selbst denkt, sind ebenfalls alle glücklich. Mit „an sich selbst denken" meine ich selbstverständlich nicht, sich rücksichtslos, egoistisch zu verhalten, ebenso wie ich „an die anderen denken" nicht so verstehe, wir sollten die eigenen Bedürfnisse missachten.

Ich habe es in den „Einführenden Gedanken" ganz bewusst provokativ formuliert, aber meine Aussagen müssten präziser lauten: → Seite 52

- Wenn jeder Mensch nur an sich selbst denkt, *innerhalb seines Selbstbestimmungsrechts*, und seinen Mitmenschen das Gleiche zugesteht und es respektiert, so sind alle glücklich.
- Und wenn jeder Mensch nur an die anderen denkt, *ohne sein Selbstbestimmungsrecht zu missachten* aus Angst oder Abhängigkeit, sind auch alle glücklich.

In dieser Weise formuliert, sagen beide Thesen das Gleiche aus. Selbstliebe und Nächstenliebe dürfen nicht im Widerspruch zueinander stehen, wie es oberflächlich betrachtet manchmal verstanden wird. Eine exakte Grenze lässt sich indes nicht ziehen; vielmehr sind es einige wichtige Elemente, die uns dabei leiten sollten:

- *Selbstbestimmung.* Jeder Mensch hat das Recht, über sein Leben zu bestimmen, mit allen Entscheidungen, die dazu gehören, und er soll sich von niemandem daran hindern lassen. Ebenso dürfen wir natürlich nicht versuchen, in das Leben anderer hineinzupfuschen.
- *Eigenständigkeit.* Wir sind von keinem Menschen abhängig und dürfen uns von keinem Menschen abhängig machen, meinen wir zuweilen auch, es in finanzieller oder emotionaler Hinsicht zu sein.
- *Respekt.* Oberstes Gebot ist es, die Selbstbestimmung und Eigenständigkeit der Mitmenschen zu respektieren. Es ist dabei nicht nötig, ihr Verhalten zu verstehen, was allerdings hilft, oder zu akzeptieren; es genügt, wenn wir es einfach dabei belassen können, ohne sie zu verurteilen oder uns darüber zu ärgern.

- *Gleichbehandlung.* Wir müssen versuchen – und das ist bestimmt die schwierigste Anforderung –, allen Mitmenschen *mit dem gleichen Wohlwollen* zu begegnen, unabhängig davon, wie sie *uns* begegnen (nicht jedoch, uns allen gegenüber gleich zu verhalten) und uns nicht beeinflussen zu lassen von ihrem Status, Vermögen, Aussehen und anderen Eigenschaften, ebenso wenig von ihrer Handlungsweise. Es bedeutet, zuerst einmal jeden Menschen als unsterbliche Seele, als Göttliches zu sehen.

→ Vergleiche auch Seite 71. Warum wir *nicht* alle Menschen gleich behandeln sollen, erläutere ich in Kapitel 3 von Band II; Info siehe Seite 230

Beinahe überflüssig zu erwähnen, dass dazu Urvertrauen und Gleichmut nötig sind und natürlich die – zumindest einmal mentale – Einsicht, dass wir alle eins im Göttlichen sind, es keine Trennung zwischen uns selbst und unserem Nächsten gibt, ebenso wie eine Zelle unseres Körpers nicht unabhängig von allen anderen existiert.

* * *

Sich selbst ernst, aber nicht wichtig nehmen
- *Ich* bin der Mittelpunkt meiner Welt, der Hauptdarsteller in meinem Lebensfilm.
- *Ich* bin mir meines Wertes bewusst, erniedrige mich nicht selbst.
- *Ich* bleibe mir selbst treu, muss nicht über meinen eigenen Schatten springen.
- *Ich* darf meine Bedürfnisse stillen, mir meine Wünsche erfüllen.

Ich soll aber meinen Wünschen und Bedürfnissen auch den wahren Stellenwert beimessen und mein Glück nicht davon abhängig machen. Ist es denn wirklich so wichtig, ob ich dieses oder jenes esse, meinen Ausflug hierher oder dorthin unternehme, mein Partner um sechs oder erst um sieben von der Arbeit heimkehrt, ich Zeit zum Lesen finde oder noch kochen muss, zu einer Party oder mit der Großmutter spazieren gehe? Ich *will* das. Ich *brauche* das. Ich ich ich...

Ja, jeder ist der Mittelpunkt seines Universums – aber wir selbst bestimmen auch, wie stark wir unsere Wünsche gewichten. Wie sehr wir uns dem Diktat des eigenen Ego beugen. Ganz gewiss sind wir nicht frei und glücklich, solange wir Sklaven unserer Wünsche und Begehren sind. Frei und glücklich sind wir, wenn wir über sie herrschen.

Wir haben verlernt, uns – und unsere Wünsche – nicht als derart bedeutend zu betrachten, uns auch einmal zurückzunehmen, wir haben die jahrtausendealte Weisheit vergessen: Geben ist seliger denn nehmen.

Gelingt es uns, unsere Bedürfnisse und all das, was uns so wichtig erscheint, zu relativieren, ins rechte Licht zu rücken, so ist ein großer Schritt in Richtung Nächstenliebe bereits getan. Dann empfinden wir es tatsächlich nicht mehr als Opfer, zugunsten anderer auf etwas zu verzichten und um eines Mitmenschen willen selber zurückzustecken.

→ Wünsche, Begehren und Anhaftung sind das Thema der Kapitel 3 und 4 von Band IV; Info siehe Seite 231

Sinnbildlich

Der Tiger und der Fuchs
Eine persische Geschichte von Saadi

Ein Mann war unterwegs im Wald und sah einen Fuchs, der keine Beine mehr hatte. Er wunderte sich darüber, wie das Tier überhaupt überleben konnte. Da entdeckte er ganz in der Nähe einen Tiger, der sich gerade an seiner gerissenen Beute satt fraß. Danach machte sich das Raubtier davon und überließ den Rest dem Fuchs.

Der Mann staunte und sagte sich: „Wenn Gott den Fuchs ernährt, wird er auch für mich sorgen." Er setzte sich und ruhte, viele Tage lang, aber nichts geschah. Als er kurz vor dem Verhungern war, hörte er eine Stimme: „Du bist auf dem falschen Weg. Öffne deine Augen für die Wahrheit: Handle wie der Tiger und nimm dir nicht den behinderten Fuchs zum Vorbild."

So erhob sich der Mann und ging weiter. Bald begegnete er einem kleinen Mädchen, das in seinem dünnen Kleid vor Kälte zitterte und ausgezehrt aussah. Zornig rief der Mann zu Gott: „Warum lässt du das zu und tust nichts dagegen?"

Eine ganze Weile schwieg Gott. Dann antwortete er: „Ich habe doch etwas dagegen getan. Ich habe dich erschaffen."

Illustration: Jakob Aerne

FRAGEN & ANTWORTEN

Wenn wir aus Nächstenliebe ein Opfer erbringen, indem wir beispielsweise zugunsten eines anderen auf etwas verzichten, sollten wir eigentlich nicht darunter leiden; doch zuweilen tut es uns trotzdem weh. Warum? → Diese Aussage steht auf Seite 54

„Ein *Opfer* erbringen" und „*nicht* darunter leiden" ist ein Widerspruch an sich. Bereitet uns ein Akt der Nächstenliebe nämlich Freude, so empfinden wir ihn nicht als Opfer. Umgekehrt impliziert ein *Opfer* im wahren Sinne des Wortes immer Leiden in irgendeiner Form. Ein Paradebeispiel steht in der Bibel (Genesis 22,1 ff.). Da wird erzählt, Gott habe von Abraham, um seine Hingabe zu prüfen, gefordert, ihm seinen Sohn zu opfern. Obwohl es in der Bibel nicht erwähnt wird, können wir davon ausgehen, dass es Abraham unendlich geschmerzt haben muss, seinen geliebten Sohn zu töten, und er es tatsächlich als Opfer empfand. Dennoch war er bereit, es zu tun, weil es Gottes Wille war.

Kehren wir zu den Beziehungen zwischen Menschen zurück: Tun wir etwas für einen anderen, jedoch mit Widerwillen (auch nur ein bisschen), so mag es für den Mitmenschen keine Rolle spielen, er freut sich über unsere Tat, anerkennt unser „Opfer" und schätzt es. Doch für uns spirituelle Menschen besteht ein subtiler Unterschied, ob wir dabei reine Freude und Liebe spüren oder ob die Empfindung aufkommt, etwas geopfert zu haben. Das bedeutet nicht, solche „Opfertaten" seien wertlos. Ein Akt der Nächstenliebe ist immer besser als ein egoistisches Verhalten. Wir sollten uns dabei jedoch bewusst sein, dass wir offenbar noch einen Unterschied machen zwischen dem Ich und dem Du: Was wir einem anderen tun, können wir noch nicht so empfinden, als hätten wir es uns selbst zugute getan. Und daran sollten wir arbeiten.

* * *

Zweifellos lieben viele Menschen sich selbst nicht genügend. Doch mit der Nächstenliebe steht es auch nicht zum Besten. Ist sie nicht doch wichtiger als die Selbstliebe?

In der Tat ist ein Mangel an beiden, Selbstliebe und Nächstenliebe, weit verbreitet. Aber anzunehmen, das eine sei wichtiger als das andere, ist ein Irrtum. Denn sie bedingen einander: Lieben wir uns selbst nicht, sind wir ständig darum bemüht, uns so zu verhalten, dass andere uns lieben. Was wir dabei für die einen Menschen tun, nämlich für diejenigen, von denen wir uns Liebe (auch Anerkennung und mehr) erhoffen, geht oft zulasten von anderen. So vernachlässigen wir etwa den Partner oder die Kinder, um dem Chef zu gefallen. Auch wer sich an Mobbing beteiligt, um ein anderes Beispiel zu nennen, tut dies nicht immer aus reiner Bosheit, sondern oft nur um von einer Gruppe (der vermeintlich stärkeren, der mobbenden) akzeptiert zu werden, und es ist ihm dabei egal, einem oder mehreren Menschen (den schwächeren, den Gemobbten) dadurch einen großen Schaden zuzufügen.

→ Vergleiche auch Seiten 52 und 54

Die beim *Kampf* um Anerkennung und Wertschätzung scheinbar praktizierte Nächstenliebe ist dieser Bezeichnung nicht würdig, denn alles, was wir für andere tun, um etwas dafür zu bekommen, in diesem Fall Liebe, ist ein Deal und nicht Nächstenliebe.

→ Mehr zum Liebesdeal in Kapitel 4, Seiten 111ff.

Deshalb will ich nochmals betonen: Der erste Schritt zur wahren Nächstenliebe besteht darin, unsere Selbstliebe zu stärken und uns von Abhängigkeiten zu befreien. Selbstverständlich dürfen und sollen wir uns gleichzeitig auch um Nächstenliebe bemühen. Die Grundlage: Alle Menschen als gleichwertig betrachten; im Idealfall sind uns Freund und Feind gleich lieb und wir verhalten uns mit dem einen nicht anders als mit dem anderen. Eine hohe Anforderung, ich weiß… Fangen wir doch damit an,

→ Siehe dazu auch die Aufgabe zur Selbstveränderung, Seite 70

- wenigstens unter unseren Freunden und all denen, die wir nicht gerade als „Feind" sehen, keine Unterschiede mehr zu machen;
- hinter die Verhaltensweisen aller Mitmenschen zu blicken und parteiische Bewertungen zu unterlassen;
- und uns mit allen Menschen in der gleichen freundlichen, einfühlsamen, wohlwollenden und hilfsbereiten Weise zu verhalten.

* * *

Liebe deine Feinde: Wie sollen wir damit praktisch umgehen, namentlich mit Menschen, die uns mit Aggressivität, Boshaftigkeit, Gemeinheit, Niedertracht begegnen?
Wie in vorangehenden Textpassagen schon erwähnt, geht es bei der Nächstenliebe darum, unseren Mitmenschen ein grundlegendes, wertfreies *Wohlwollen* entgegenzubringen. Die viel zitierte Aussage Jesu, wir sollen auch die andere Wange hinhalten, nachdem wir schon auf die eine geschlagen wurden, müssen wir nicht wörtlich nehmen. In einer neuen Übersetzung des Matthäus-Evangeliums von Eugen Drewermann, der den griechischen Originaltext präziser wiedergibt, hört sich diese Stelle wie folgt an: *„Ihr habt gehört, dass gesagt ward: Aug um Auge und Zahn um Zahn. Ich aber sage euch: Überhaupt nicht reagieren auf den Bösen. Sondern: wer dich schlägt auf deine rechte Wange – wende ihm auch die andere zu. [...] Ihr habt gehört, dass gesagt ward: Liebe deinen Nächsten und: Hasse deinen Feind. Ich aber sage euch: Liebt eure Feinde und betet für die, die euch verfolgen."* In seinem Kommentar meint Drewermann dazu, wir sollten jemandem, der uns Böses will – handle es sich um eine körperliche oder um eine verbale Aggression, um eine gemeine Tat oder was auch immer – *nicht in der gleichen Weise begegnen*, es gehe darum, das Böse zu überwinden durch das Gute.

Wir brauchen nicht tatsächlich die andere Wange hinzuhalten, uns also körperlich oder psychisch verletzen zu lassen. Doch wir sollen auch nicht *zurückschlagen*, was wir bei verbalen Attacken ja oft tun. Ebenso wenig dürfen wir Menschen, die uns in irgendeiner Weise feindlich begegnen, verachten oder gar hassen, denn wir sollen zwar *die Sünde verurteilen, nicht aber den Sünder*.

Wehren sollten wir uns indes, es ist unser Recht und unsere Pflicht, indem wir Grenzen setzen, es klar und deutlich erklären, falls wir ein bestimmtes Verhalten nicht akzeptieren, uns beispielsweise abwenden, das Zusammentreffen mit diesen Personen künftig zu vermeiden versuchen. Dies, was unsere äußere Haltung betrifft.

Innerlich bemühen wir uns aber darum, einen solchen Menschen zu verstehen („Warum handelt er so?") und Mitgefühl für ihn aufzubringen („Er ist zu bedauern, dass er es

→ Vergleiche Kapitel 3 von Band II über den Zorn; Info siehe Seite 230

→ Matthäus 5,38ff. – „Das Matthäus-Evangelium" in der Übersetzung von Jürgen Drewermann ist im Walter-Verlag erschienen

→ Vergleiche Kapitel 3 von Band II; Info Seite 230

nötig hat, sich so zu verhalten"). Wir verzeihen ihm augenblicklich und bewahren eine wohlwollende Einstellung und Haltung – wie gesagt, ohne jedoch die andere Wange hinzuhalten – und schicken ihm aus der Seele positive Gefühle. Wir können uns etwa bildlich vorstellen, wie wir ihm Licht senden oder wie die göttliche Liebe ihn umhüllt.

→ Siehe Imagination auf Seite 73

* * *

Bei der Nächstenliebe geht es doch nicht immer nur darum, etwas für andere zu tun?
Nächstenliebe ist zuerst eine *Gesinnung*, eine *innere* Haltung, die sich erst in zweiter Linie in äußerlich sichtbaren Handlungen widerspiegelt. Es ist, wie schon an anderen Stellen erwähnt, dieses grundlegende Wohlwollen den Mitmenschen gegenüber, ja allen Wesen, auch Tieren und Pflanzen und sogar dem Unbelebten, die Gleichstellung jedes anderen Wesens mit der eigenen Person.

→ Vergleiche Seiten 26/27

Würden wir über uns selbst etwas Böses denken? Schadenfreude empfinden? Oder Neid, Eifersucht, Missgunst? Wären wir mit uns selbst gemein, nachlässig, trotzig, unnachgiebig? Und wenn wir uns eine Ruhepause, ein liebes Wort, eine Information, eine Hilfestellung wünschen, warum sollten wir sie den Mitmenschen nicht auch wünschen und angedeihen lassen?

Aus der inneren Haltung ergibt sich zwangsläufig die äußere, die wir zusammenfassen können mit dem ins Positive gekehrten bekannten Sprichwort: „Was du willst, das man dir tu', das füge auch jedem andern zu". Oder mit anderen Worten: Was du für dich wünschst, wünsche auch für die anderen, und gib es ihnen, sofern es in deinen Möglichkeiten liegt.

* * *

Die Meinung ist weit verbreitet: Wenn ich nicht selbst darum besorgt bin, dass es mir gut geht, und ich mir nicht nehme, was ich brauche, komme ich zu kurz. Muss man tatsächlich egoistisch sein, um in der heutigen Zeit und Gesellschaft zu bestehen?

Eine schwierige Frage: Wo liegt die Grenze zwischen gesunder Selbstliebe und Egoismus, zwischen dem Selbstbestimmungsrecht und der Missachtung von Mitmenschen? Auf der einen Seite müssen wir uns ja selbst um uns kümmern, wir dürfen es nicht delegieren. Auf der anderen Seite stellt sich die Frage, wie viel wir uns nehmen sollen und inwieweit wir dabei anderen etwas wegnehmen.

→ Vergleiche Seiten 28ff.

Allgemeingültige Regeln lassen sich nicht aufstellen, das versteht sich. Aber wir brauchen auch keine. Vergessen wir nicht, dass die Innere Stimme uns in jeder Situation zuverlässig berät. Wir sollten uns deshalb selbst vertrauen und nicht ständig Angst haben, etwas falsch zu machen, vom rechten Weg abzukommen, zu egoistisch oder zu gutmütig zu sein. Unsere innere Entwicklung, ja das ganze Leben, ist in diesem Sinne immer auch ein Wagnis: Oft müssen wir etwas ausprobieren, um danach zu erkennen, ob es „richtig" oder „falsch" war, ob wir künftig in einer gleichen oder ähnlichen Lage wieder in der gleichen Weise handeln wollen oder nicht. Vertrauen wir also zuerst darauf, dass die Seele uns leitet, und dann ebenfalls darauf, dass – haben wir die Innere Stimme missverstanden oder sind wir der Stimme des Ego gefolgt – die äußeren Umstände uns lehren, nämlich die Reaktion der Mitmenschen, ein Ereignis, eine plötzliche Einsicht und mehr. Das bedingt allerdings, uns nicht vor den Konsequenzen unseres Handelns zu fürchten, sondern sie dankbar anzunehmen, egal wie sie ausfallen, im Bewusstsein, dass sie uns zu neuen Erkenntnissen auf unserem Weg verhelfen. Dazu benötigen wir Urvertrauen und Gleichmut.

→ Die Innere Stimme ist das Thema von Kapitel 6 in Band I; Info Seite 229

* * *

Handelt es sich um wahre Nächstenliebe, wenn es uns zwar leicht fällt zu geben, es uns fast eine Selbstverständlichkeit ist, wir jedoch die entsprechenden Empfindungen der Zuneigung oder Liebe nicht spüren?

Tatsächlich ist nicht die Art, *wie* wir handeln, das Entscheidende, sondern die *Motivation* dahinter, also die Gesinnung oder das Bewusstsein. Was jedoch nicht bedeuten muss, die Nächstenliebe sei nicht echt, nur weil wir beispielsweise

> Verhaltensmuster und Gewohnheiten sind das Thema von Kapitel 2 in Band II; Info Seite 230

> Vitales Ego: siehe Glossar Seite 227

> Vergleiche Seite 35

von Kind an dazu angehalten wurden, mit den Mitmenschen sorgsam und wohlwollend umzugehen. Im Gegenteil: Ebenso wie sich hinderliche Verhaltensmuster und Gewohnheiten in uns einbrennen, wenn wir sie pflegen, so auch die guten Eigenschaften. Es kann also durchaus vorkommen, dass uns die Nächstenliebe zur Selbstverständlichkeit geworden ist und wir gerade deshalb keine Emotionen wahrnehmen. Wir brauchen deshalb nicht an ihrer Echtheit zu zweifeln. Die Liebe für den Nächsten muss nämlich nicht mit den uns bekannten Empfindungen, die wir bei uns nahestehenden Menschen spüren, einhergehen. Im Gegenteil: Bei diesen Emotionen, die besonders bei Neuverliebten auftreten, wie Schmetterlinge im Bauch, handelt es sich um Äußerungen des vitalen Ego, das sich von solchen Zuständen nährt und diese sucht. Die *Gefühle der Seele* zeigen sich stets in einer ruhigen, gesetzten Empfindung, wenn überhaupt. Es kann folglich sein, dass wir, die wir ja noch viel stärker aus dem Ego leben als im inneren Wesen, gar nichts spüren bei der wahren, reinen Liebe, weil sie gewissermaßen hinter der Mauer des Ego wohnt und wir keinen Zugang dahin haben. Wir können also darauf vertrauen: Die selbstverständliche (Nächsten)liebe ist ebenfalls echt, echter oft als die gespürte, romantische, mitunter fast pathetische Liebe, sofern sie nicht mit Erwartungen gekoppelt ist oder auf Ängsten beruht.

* * *

Während wir diejenigen, die uns nahestehen, lieben, interessiert uns zuweilen die Mehrheit der anderen Menschen einfach nicht, sie sind uns gleichgültig; wir hassen oder verachten sie zwar nicht, tun ihnen aber auch nichts Gutes. Müssen wir Nächstenliebe unbedingt lernen oder reicht es, wenn wir die anderen in Ruhe lassen und ihnen nichts Böses antun?

Eine wichtige Frage: Müssen wir auf unserem spirituellen Weg zur Nächstenliebe fähig sein? Oder genügt es, strikte unseren Weg zu gehen, ohne jemandem zu schaden? Den Mitmenschen nicht absichtlich, aus Unachtsamkeit oder Nachlässigkeit Schmerz zufügen, ist schon eine beachtliche

Leistung, betrachten wir es genauer. Es bedeutet nämlich, *nie* so zu handeln, dass ein anderer darunter leidet/leiden könnte. Dazu müssen wir über einen ausgeprägten Gleichmut und eine bemerkenswerte Achtsamkeit verfügen und unsere Ängste weitestgehend abgelegt haben.

Jeder Leser, der jetzt glaubt, er tue seinen Mitmenschen nie das Geringste zuleide, möge sich anhand und analog der folgenden Beispiele nochmals einer ehrlichen Gewissensprüfung unterziehen.

- Ich suche eine neue Wohnung und bei zweien, für die ich mich beworben habe, wählen die jeweiligen Vermieter mich aus. Eine der beiden gefällt mir etwas besser als die andere, ist dazu noch billiger, und ich entscheide mich dafür. Allerdings weiß ich, dass ein in finanziell schwierigen Verhältnissen lebendes Paar mit einem Kind diese Wohnung auch wollte, und die andere gar nicht bezahlen könnte (ich kann es problemlos). – Verzichte ich darauf zugunsten derjenigen, die darauf angewiesen sind?
- Ich spaziere auf einer Nebenstraße und sehe einen großen Stein da liegen, der einen Radfahrer gefährden könnte. Räume ich ihn weg oder gehe ich achtlos daran vorbei?
- Und schließlich all die Alltagssituationen, in denen ich meinen Kopf durchsetze, einem Mitmenschen im überfüllten Bus meinen Sitzplatz nicht anbiete, in einer Schlange an der Kasse einen Gehbehinderten nicht vorlasse, die Musik zu laut stelle, mit dem Auto zu schnell fahre, mein Kind mit einer Portion Pommes abspeise, weil ich keine Lust zum Kochen habe, ohne triftigen Grund zu spät zu einer Verabredung komme, mich einem Mitmenschen gegenüber respektlos äußere – und tausend andere tagtäglich.

Gleichgültig sollten uns die Mitmenschen niemals sein. Das bedeutet nicht, wir müssten uns ständig um alle und alles kümmern. Nächstenliebe fängt damit an, dass wir bei jeder unserer Handlungen achtsam sind, also nicht gedankenlos, nachlässig, desinteressiert, und dabei immer auch mit bedenken, welche Auswirkungen unser Tun oder Nicht-Tun für die Mitmenschen hat/haben könnte. Schaffen wir nur schon das, so sind wir auf dem Pfad der Liebe ein schönes Stück weitergekommen.

→ Die Achtsamkeit ist das Thema von Kapitel 6 in Band II; Info siehe Seite 230

Weisheiten

Mögen die Winde, die Meere, die Gräser, die Tage und die Nächte, die Mutter Erde, der Vater Himmel, alle Pflanzen, die Sonne, mögen sie uns alle lieb sein.
Folgen wir jederzeit dem Pfad der Güte, wie die Sonne und der Mond, die ewig durch den Himmel wandern. Seien wir mildtätig und nicht gewaltsam untereinander. Verstehen und schätzen wir die Meinungen anderer und fühlen wir uns eins mit ihnen.
Möge Gott, der freundliche, wohlwollende, allumfassende, Maß aller Dinge, Herrscher, Herr der Sprache, möge er seinen Segen über uns ergießen.
Oh Herr, nimm von mir meine Unbesonnenheit und meinen Hochmut, leite meinen Geist. Setze meinem endlosen Begehren ein Ende. Erweitere den Kreis meines Mitgefühls und hilf mir, den Ozean des Lebens zu überqueren.
Hinduistisches Gebet für die Einheit der Schöpfung

Eine neue Weisung gebe ich euch: dass ihr einander liebt. Wie ich euch geliebt habe, auch ihr einander liebt.
Johannes 13,34

Einst trat ein Nichtjude vor Hillel und sprach zu ihm: „Ich will Jude werden unter der Bedingung, dass du mich die ganze Thora lehrst, während ich auf einem Fuß stehe."
Hillel sprach zu ihm: „Was dir zuwider ist, das tue auch deinem Nächsten nicht. Das ist die ganze Thora und alles andere ist nur die Erläuterung, geh und lerne sie!"
B. Schabbat 31a

Das Auge dessen, der dir übel will, wird deine hellsten Tugenden auch nur als dunkle Laster betrachten. Der Liebende hingegen sieht deine Sünden überhaupt nicht, und bist du noch so lasterhaft und besitzt eine einzige Tugend.
Saadi

Du solltest die Gesundheit deiner Mitgeschöpfe wünschen und ihr Glück wohlwollend betrachten. Die Ehre deines Mitmenschen sei dir ebenso kostbar wie deine eigene, denn du und er sind ein und dasselbe. Deshalb das Gebot: „Liebe deinen Nächsten wie dich selbst." Du solltest wünschen, was für deinen Mitmenschen gut ist; verunglimpfe ihn nie und hoffe nie auf seine Schande.
Moses Cordovero

Man darf in jedem menschlichen Wesen nur das sehen, was des Lobes würdig ist. Wenn man so handelt, kann man der ganzen Menschheit Freund sein. Betrachten wir die Menschen jedoch vom Standpunkt ihrer Fehler aus, dann ist es eine äußerst schwierige Aufgabe, mit ihnen Freundschaft zu pflegen. [...] So sollten wir, wenn wir unseren Blick auf andere Menschen richten, das sehen, worin sie sich auszeichnen, nicht das, worin sie versagen.
Baha'i Weisheit

Seid wie die Finger einer Hand, die Glieder eines Körpers!
So machtvoll ist das Licht der Einheit, dass es die ganze Erde erleuchten kann. Das Heiligtum der Einigkeit ist errichtet; betrachtet einander nicht als Fremde. Ihr seid die Früchte eines Baumes und die Blätter eines Zweiges.
Baha'i Weisheit

Oh Gott der Liebe, der du uns aufgetragen hast, einander zu lieben, so wie du uns liebst, und uns deinen geliebten Sohn für unser Leben und unsere Erlösung geschenkt hast; wir bitten dich, gib uns, deinen Dienern, in jedem Augenblick unseres Lebens auf dieser Erde einen Geist, der nicht nachtragend ist, und ein Herz, das unsere Brüder und Schwestern liebt.
Aus der koptischen Liturgie von St. Kyrill

Der Egoist fühlt sich von fremden und feindlichen Erscheinungen umgeben, und alle seine Hoffnung ruht auf dem eigenen Wohl. Der Gute lebt in einer Welt befreundeter Erscheinungen: Das Wohl einer jeden derselben ist sein eigenes.
Arthur Schopenhauer

Die tragenden Gedanken

✧ Andere Wesen kann ich nicht *bedingungslos* lieben, wenn ich nicht zuvor gelernt habe, mich selbst zu lieben – Selbstliebe ist also der erste Schritt. Danach kommt jedoch die Zeit, mich selbst wieder etwas zurückzunehmen, meine Wünsche und Bedürfnisse nüchterner zu betrachten und zu relativieren und mich mehr und mehr der Nächstenliebe zuzuwenden, selbstverständlich ohne meine Selbstliebe zu vermindern.

✧ Selbstliebe und Nächstenliebe stehen nicht im Widerspruch zueinander. Ich soll stets selbstbestimmt und eigenständig handeln, jedem Menschen aber mit Respekt begegnen.

✧ Alle Menschen gleichermaßen zu lieben, ist keine einfache Aufgabe. Ich beginne damit, ihnen ein grundlegendes Wohlwollen entgegenzubringen und keine Unterschiede zwischen verschiedenen Mitmenschen zu machen.

✧ Nächstenliebe fängt damit an, dass ich bei meinen Handlungen achtsam bin und bemüht, meinen Mitmenschen weder willentlich noch aus Nachlässigkeit etwas Böses anzutun.

✧ Was ich auch für die Mitmenschen tue, ich darf es nicht als Opfer betrachten. Es soll sich für mich jeweils so anfühlen, als hätte ich es mir selbst zuliebe getan.

INNENSCHAU

✧ Empfinde ich unterschiedliche Abstufungen von Sympathie/Wohlwollen für meine Mitmenschen?

✧ Sehe ich in den Mitmenschen nicht in jeder Situation das Beste, ihren göttlichen Kern?

✧ Nehme ich meine eigenen Wünsche zu wichtig?

✧ Empfinde ich es manchmal als Opfer, wenn ich etwas für andere tue?

✧ Erwarte ich für meine Nächstenliebe Anerkennung oder eine Gegenleistung?

✧ Bin ich meinen Mitmenschen gegenüber gleichgültig?

✧ Bemühe ich mich zu wenig darum, meine Mitmenschen spüren zu lassen, dass ich sie so annehme, wie sie sind?

Aufgabe zur Selbstveränderung

> **Entwicklungsziel**
>
> Ich bemühe mich, in jedem Menschen stets den göttlichen Kern zu sehen, unabhängig von seiner äußeren Erscheinung und seinem Verhalten, und ihn so zu behandeln, wie ich selbst behandelt werden möchte.
>
> Ich versuche, hinter seine Fassade zu blicken und die Beweggründe für seine Verhaltensweisen zu erkennen und zu begreifen, wenn auch nicht zu billigen.

→ Bitte beachte „Tipps zum Umgang mit der Sonnwandeln-Reihe" auf Seite 17

Du kannst beide Aufgaben A und B in Angriff nehmen. Die erste stellt hohe Anforderungen an deine Achtsamkeit in Bezug auf Gedanken, Worte und Taten und ist deshalb recht anspruchsvoll und anstrengend im Alltag. Aufgabe B hingegen bezieht sich nur auf einzelne konkrete Situationen, in denen du dein Verhalten grundsätzlich kontrollieren musst.

Aufgabe A: Achtsamkeit für meine Mitmenschen
Ich konzentriere mich darauf, in jedem Menschen in jeder Situation mich selbst zu sehen und mich ihm gegenüber so zu verhalten, wie ich es mir selbst gegenüber täte. Anders formuliert: Ich achte laufend darauf, nur das zu denken, zu sagen und zu tun, was ich von meinem Gegenüber auch bekommen möchte.

Das erfordert in jedem Augenblick des Alltags eine große Achtsamkeit und immer wieder Innehalten, um mich ehrlich zu fragen, ob das, was ich im Begriff bin zu sagen oder zu tun (oder soeben gesagt/getan habe), tatsächlich dem entspricht, was ich mir selbst gesagt oder getan hätte. Dies nicht nur im direkten Kontakt mit einem Menschen, sondern auch wenn ich über andere spreche.

Zudem bemühe ich mich, stets respektvoll, ja liebevoll, von anderen Menschen zu denken, und vermeide Verurteilungen, abwertende Gedanken, Geringschätzung und weitere negative Ansichten.

Aufgabe B: Gleichbewertung der Menschen
In konkret auftretenden Situationen mit verschiedenen Mitmenschen versuche ich, allen mit den gleichen Empfindungen und der gleichen Verhaltensweise zu begegnen, also den einen nicht dem anderen vorzuziehen. Beispiele:
• Laden mich X und Y zu einem Kaffee, Spaziergang, Essen oder anderem ein, gehe ich nicht lieber mit X als mit Y.
• Bitten mich verschiedene Menschen um Hilfe, so helfe ich dem einen nicht lieber als dem anderen. *
• Verhalten sich verschiedene Menschen mir gegenüber unkorrekt, so entschuldige ich nicht den einen, weil ich ihn lieber mag oder mich von seiner Wertschätzung abhängig fühle, und verurteile den anderen.
• Loben verschiedene Menschen mich, so freue ich mich über die Anerkennung des einen nicht mehr als über die des anderen.

* Vielleicht erinnerst du dich daran, wie ich in Kapitel 3 von Band II dazu aufgefordert habe, nicht alle Menschen gleich zu behandeln, da nicht alle Menschen gleich sind. Zur Veranschaulichung habe ich das konkrete Beispiel zweier Menschen aufgeführt, die uns um Hilfe bitten, wobei wir nur dem einen helfen und dem anderen nicht, weil die Innere Stimme es so will.

Dieser Fall dient mir jetzt vortrefflich dazu zu erläutern, wie wir uns in unserer inneren Entwicklung immer wieder auf unterschiedlichen Ebenen befinden und bewegen. Einmal ist dieser Aspekt zentral, einmal jener. Bei meinen Erörterungen in Kapitel 3 von Band II ging es um Freigebigkeit und die Abgrenzung zum Ego. Bei der obigen Aufgabe hingegen geht es darum, die Nächstenliebe zu üben, wobei wir andere Aspekte, namentlich denjenigen des Ego, in den Hintergrund verbannen – aber selbstverständlich sollen wir auch dabei niemals gegen die Innere Stimme handeln.

Affirmationen

→ Bitte beachte die detaillierte Anleitung auf Seite 216

Ich öffne mein Herz der Sympathie für alle Wesen.

Ich öffne mein Herz der reinen Liebe.

Ich liebe selbstlos und bedingungslos.

In jedem Menschen sehe ich das Göttliche.

Ich bin eins mit dem Göttlichen, ich bin eins mit allen Wesen.

Ich weite mein Bewusstsein auf alle Wesen aus.

Ich gehe liebevoll mit den Mitmenschen um.

Ich behandle alle Mitmenschen mit Respekt.

Ich löse bestehende Konflikte mit den Mitmenschen jetzt.

Ich widerstehe dem Ego der anderen und bin offen für die Liebe.

Imagination

- Ich befinde mich an einem vertrauten Ort; hier fühle ich mich sicher und geborgen, ich spüre die Ruhe um mich und in mir.
- Ich lasse mich in mich selbst fallen, richte meine Aufmerksamkeit nach innen, in den Bereich hinter dem Herzen, in der Mitte der Brust. Hier ist ein weißer, strahlender Lichtpunkt, es ist meine eigene Liebe für mich, ich fühle die wohltuende Energie.
- Während ich meine Konzentration darauf halte, rezitiere ich in Gedanken: „Möge es mir gut gehen, möge ich frei von Kummer und Schmerz sein, möge ich frei sein von Angst und Hass, möge ich erfüllt sein von Liebe und Glück."
- Dann sehe ich vor meinem geistigen Auge meine Eltern, Kinder und andere Familienmitglieder (auch verstorbene). Während sich der Lichtpunkt aus meinem Herzen über sie ausbreitet, spreche ich in Gedanken: „Möge es meinen Lieben gut gehen, mögen sie frei von Kummer und Schmerz sein, mögen sie frei sein von Not, mögen sie glücklich sein."
- Danach sehe ich vor meinem geistigen Auge andere Menschen, die ich mag, und strahle meine Liebe mit den gleichen Worten auf sie.
- Dann sehe ich vor meinem geistigen Auge Menschen, die ich weder besonders mag noch nicht mag, und strahle meine Liebe mit den gleichen Worten auf sie.
- Dann sehe ich vor meinem geistigen Auge einen Menschen, den ich nicht mag oder mit dem ich gerade in Konflikt stehe, und strahle auch auf ihn meine Liebe mit den gleichen Worten und dem Zusatz: „Ich hege keinen Groll und keine Feindschaft gegen ihn/sie". Ich kann das Gleiche mit anderen Menschen, die ich nicht mag oder mit denen ich in Konflikt stehe, wiederholen.
- Am Ende konzentriere ich mich wieder ganz auf den Lichtpunkt in mir, empfinde nochmals meine Liebe für mich. Ich fühle mich wohl und geborgen, genieße den Frieden in mir und fühle mich liebend und geliebt.
- Schließlich atme ich tief in den Bauch, öffne die Augen, verharre noch eine Weile regungslos, schaue um mich, spüre meinen Körper und bewege mich langsam.

→ Bitte beachte die detaillierte Anleitung auf Seiten 217ff.

EMPFOHLENE BACH-BLÜTEN

→ Bitte beachte die detaillierte Anleitung auf Seiten 220ff.

Haupt-Blüten

Seelenzustand	Nr.
Ich ziehe mich innerlich von meinen Mitmenschen zurück und/oder ich fühle mich ihnen überlegen.	34
Ich bin eher selbstbezogen und knüpfe meine Liebe und mein Wohlwollen an Bedingungen.	8
Ich bin eher selbstbezogen und sehe meistens nur meine eigenen Belange, habe kaum Gespür und Gehör für die Probleme anderer.	14
Ich misstraue anderen Menschen und/oder verdächtige sie leichtfertig.	15

Gewählte Blüten:

☐ ☐ ☐ ☐

Zusatz-Blüten

Seelenzustand	Nr.
Ich will meistens meinen Willen durchsetzen und übergehe tyrannisch andere Meinungen.	32
Ich be-/verurteile meine Mitmenschen ohne Einfühlungsvermögen und/oder bin intolerant.	3
Ich mache mir oft zu große Sorgen um andere Menschen.	25
Ich bin allzu idealistisch und will andere Menschen unbedingt mitreißen.	31

Gewählte Blüten:

☐ ☐ ☐ ☐

EMPFOHLENER HEILSTEIN: ROSENQUARZ

→ Bitte beachte die detaillierte Anleitung auf Seite 223

Wirkung

Der Rosenquarz ist *der* Stein der Nächstenliebe. Er fördert Mitgefühl, Einfühlungsvermögen, Aufgeschlossenheit, Hilfsbereitschaft, Empfindsamkeit, Liebesfähigkeit, Zusammengehörigkeitsgefühl, Herzenskraft. Gleichzeitig verhindert er aber, dass wir vor lauter Nächstenliebe die eigenen Bedürfnisse missachten.

Anwendung

Den Stein auf dem Körper tragen, beispielsweise als Anhänger oder Kette. Ein größerer Rosenquarz kann auch im Zimmer aufgestellt werden.

Reinigen und Aufladen

Vierzehntäglich unter lauwarmem fließendem Wasser reinigen; einige Stunden lang zusammen mit Bergkristall und Amethyst aufladen.

Rückschau und Vorschau

Nachdem du eine Weile – in der Regel mehrere Wochen – in deinem Alltag zum Thema dieses Kapitels an dir gearbeitet hast, blickst du kurz zurück und schaust, wo du stehst. Kreuze bei den untenstehenden Aussagen an, was auf dich zutrifft. Sei ehrlich zu dir selbst, ohne falsche Bescheidenheit und ohne Selbstvorwürfe oder Entmutigung – es ist nur eine Bestandesaufnahme, ohne Wertung, um zu erkennen, in welchem Bereich du dich noch bemühen kannst… damit du wirst, was du bereits bist.

Lernziele dieses Kapitels Erreicht:	Ja	Nein
Den Mitmenschen bringe ich mehr Wohlwollen entgegen, ohne Vorurteile. Oder: Ich habe gelernt, meine eigenen Wünsche und Bedürfnisse zu relativieren und mehr an die Mitmenschen zu denken. Oder: Ich bemühe mich, den Mitmenschen nicht willentlich oder aus Nachlässigkeit Böses anzutun.	☐	☐
Wenn ich Gutes tue, so erwarte ich keinen Dank, keine Anerkennung und keine Gegenleistung mehr dafür. Oder: Was ich für die Mitmenschen tue, empfinde ich nicht mehr als Opfer.	☐	☐
Die Grenze zwischen Nächstenliebe und gesunder Selbstliebe spüre ich immer besser.	☐	☐
Es gelingt mir immer besser, meine Mitmenschen so zu behandeln, wie ich behandelt werden möchte. Oder: Es passiert mir immer seltener, dass ich die Mitmenschen aus Unachtsamkeit zu wenig respektvoll behandle.	☐	☐
Meine Sympathie für andere Menschen unterliegt immer weniger häufig Abstufungen. Oder: Es gelingt mir vermehrt, in jedem Menschen den göttlichen Kern zu sehen.	☐	☐
Gleichgültigkeit gegenüber Mitmenschen kenne ich kaum noch.	☐	☐
Ich bemühe mich vermehrt, das Verhalten von Mitmenschen zu verstehen, wenn auch nicht zu billigen.	☐	☐

Mein weiterer Entwicklungsschritt

Notiere jetzt eine Einsicht/Herausforderung/Aufgabe, an der du arbeiten willst – aber nur eine!
Dann prägst du sie dir gut ein, bittest das Göttliche, dich dabei zu führen und dein Bemühen zu fördern, und lässt sie los. Du kannst jetzt mit dem nächsten Kapitel und dessen Aufgaben weiterfahren.

Den Entwicklungsschritt, den du hier aufgeschrieben hast, darfst du von Zeit zu Zeit nachlesen, gewissermaßen zur Erinnerung, aber beschäftige dich gedanklich nicht mehr damit. Den Impuls hast du nämlich gesetzt – überlass es dem Göttlichen, ihn so umzusetzen, wie es für dich gut ist.

....
....
....
....
....
....
....
....
....
....
....
....
....
....
....

Verflochten, verstrickt sind wir mit unseren Eltern und unseren Kindern. Auf vielschichtige Weise, karmisch, psychologisch, genetisch – und scheinbar unentrinnbar. Doch mit Liebe, Geduld, Ausdauer und einem klaren Durchblick lassen sich sogar die verwobensten, komplexesten Familiengeschichten entwirren.

3. Muss ich Vater und Mutter unbedingt ehren?

Themen dieses Kapitels
• Karmische Verstrickungen, Einzelkarma und Familienkarma • Generationenmuster durchbrechen • Die Familie sucht man sich nicht aus • Adoptivkinder und andere Kinder, die ihre leiblichen Eltern nicht kennen • Den Kontakt zu den Eltern abbrechen? • Liebe für die Eltern und Anhaftung • Auch „böse" Eltern ehren und lieben? • Fehlende Gefühle für die Eltern entwickeln

Entwicklungsziel
Ich bringe meine Beziehung zu meinen Eltern ins Reine, ob sie noch leben oder bereits gestorben sind, indem ich ihnen zuerst danke für das Gute, das sie mir getan haben. Dann teile ich ihnen mit, worin sie mich verletzt haben, und verzeihe es ihnen. Ich lerne, hinter meinen Emotionen (Anhaftung, Verletzung, Wut, ...) die wahren Gefühle für meine Eltern zu finden.

Einführende Gedanken

Familienbande

„Du sollst Vater und Mutter ehren" ist eines der zehn Gebote aus der Bibel. In vielen Kulturen und Religionen haben die Eltern einen hohen Stellenwert, die Kinder zollen ihnen Respekt, sogar Verehrung. So sagt man in arabischen Ländern: „Das Paradies liegt zu Füßen der Mutter".

Wir könnten nun schmunzelnd argumentieren, solche Gebote und Regeln seien von Menschen eingeführt worden, die bereits Kinder hatten, und es somit im Hinblick auf den eigenen Vorteil geschah – ebenso wie alle Vorschriften, welche Frauen benachteiligen und unterdrücken, von Männern erlassen wurden und werden. Doch ganz so simpel ist es nicht. Die Redensart „Blut ist dicker als Wasser" besagt, dass verwandtschaftliche Beziehungen auf stärkeren Bindungen beruhen und, wenn es darauf ankommt, einen größeren Zusammenhalt schaffen als alle anderen. Doch warum sollte es so sein? Dem lässt sich nämlich entgegenhalten: Die Familie können wir uns nicht aussuchen – warum sollten wir also ihren Mitgliedern näher stehen als guten Freunden, die wir selbst wählen?

In der Tat kommt es nicht selten vor, dass es innerhalb der Familie äußerst unterschiedliche Charaktere gibt, die überhaupt nicht miteinander auskommen und sich freiwillig nie freundschaftlich verbinden würden. Von Verständnis, Liebe und gegenseitiger Unterstützung oder Hilfe in Notsituationen ist dann nicht viel zu spüren.

Selbst die Bande, die am stärksten tragen sollten, nämlich zwischen Eltern und Kindern, fehlen manchmal, in Extremfällen sogar schon wenn die Kinder noch klein und den Eltern völlig ausgeliefert sind. Hat denn die Natur etwas falsch gemacht? Gibt es den viel gepriesenen Mutterinstinkt etwa gar nicht?

Evolutiv betrachtet dient der Mutterinstinkt der Arterhaltung: Die Kleinen der meisten höher entwickelten Tiere sind ja nach der Geburt hilflos und auf die Fürsorge der Eltern angewiesen. Auch im Tierreich kommt es zwar vor, dass Mütter ihre Jungen verstoßen – die Regel ist es allerdings nicht. Ebenso wenig beim Menschen: Eine natürliche

Eltern-Kind-Liebe ist vorhanden. Ob sie auf biologischen oder psychologischen Faktoren beruht, sei dahingestellt; Tatsache ist, dass eine sehr starke emotionale Verbindung zwischen Eltern und Kindern besteht. Später jedoch, wenn das Kind selbst erwachsen geworden ist und die Eltern nicht mehr mit den bedingungslos liebenden kindlichen Augen sieht, wie auch umgekehrt die Eltern ihm nicht mehr alles verzeihen, kann die Beziehung sich verändern, sowohl abkühlen als auch intensiver und bereichernder werden.

Karmische Verstrickungen?
Aus einem spirituellen Blickwinkel betrachtet, müssen wir noch andere Überlegungen einbeziehen. Davon ausgehend, dass wir auf diese Welt kommen, um uns innerlich zu entwickeln, und unser Leben eine Schule ist, liegt der Schluss nahe: Wir werden in das Umfeld geboren, das uns die idealen Bedingungen für unsere Aufgaben und Lektionen bietet. Zuweilen wird auch gesagt, wir suchten uns als noch nicht inkarnierte Seele die Eltern selber aus. Ob die Seele dies aus eigenem höheren Wissen im Jenseits eigenmächtig tut, ob das Göttliche und/oder höhere Mächte dazu beitragen oder es bestimmen, ist unwesentlich. Ebenso unwichtig ist, ob wir an die Wiedergeburt glauben oder nicht, also ob wir etwa mit den Eltern und anderen Familienmitgliedern bereits in früheren Existenzen zu tun hatten und alte Verstrickungen lösen müssen.

→ Das Leben als Schule ist das Thema von Band I; Info Seite 229

Jedenfalls steht uns die Familie von Geburt an für längere Zeit am nächsten, prägt uns in der Regel entscheidend, teilweise für unser ganzes Leben; deshalb erscheint es logisch, dass die aus den familiären Beziehungen entstehenden Herausforderungen ein wichtiger Bestandteil unserer individuellen Lebensschule darstellen. Von besonderer Bedeutung sind dabei die auf- und absteigenden Linien, weil diese gewissermaßen zwingend sind, dann folgen die Geschwister und schließlich noch die entfernteren Verwandten – wobei ich hier nicht von einer absoluten Gesetzmäßigkeit sprechen will, weil die Verbindungen untereinander vielfältig sind. So kann uns eine Tante beispielsweise näher stehen als eine Schwester, haben wir in der Kindheit mehr Zeit mit ihr verbracht.

Jede zwischenmenschliche Beziehung ist eine Bereicherung in unserer Lebensschule, weil wir nie so gefordert sind wie im Kontakt mit Menschen; in diesem Sinne sollten wir die Chancen, die sich uns innerhalb der Familie bieten, insbesondere mit Eltern und Kindern, nutzen, um sowohl aus den berührenden als auch aus den konfliktgeladenen Situationen zu lernen und innerlich zu wachsen.

Vertiefende Aspekte

Generationenmuster durchbrechen: Jeder Nachkomme hat die Chance.
Bestimmte Verhaltensmuster lassen sich über mehrere Generationen beobachten. Bekannte Beispiele sind Gewalt und sexueller Missbrauch: Kinder, die selbst Opfer waren, werden als Erwachsene zu Tätern. Für jeden Außenstehenden, der nichts Ähnliches erlebt hat, ist es kaum nachvollziehbar, wenn jemand genau das, was er selbst leidvoll erfahren hat, dann den eigenen Kindern antut; die Psychologie bietet Erklärungen dafür, worauf ich hier jedoch nicht eingehe.

Vielmehr geht es mir um weniger offensichtliche und gravierende Muster, beispielsweise die Unfähigkeit, die eigenen Gefühle zu zeigen, Verschlossenheit, Abhängigkeit von der Meinung der Mitmenschen, Ängstlichkeit, Hang zu bestimmten Gemütszuständen wie Schuldgefühle, Traurigkeit, Wut. Ob solche Verhaltensweisen von den Eltern an die Kinder weitergegeben werden durch epigenetische Vererbung, Erziehung/Nachahmung, die Aufnahme der entsprechenden Schwingung oder ob es sich dabei um karmische Verstrickungen handelt, vielleicht sogar mit Familienmitgliedern, die wir nicht mehr persönlich gekannt haben, ist nicht von Bedeutung.

Tatsache ist, dass sich solche Ähnlichkeiten im Verhalten innerhalb der überschaubaren Generationen gar nicht so selten beobachten lassen, vor allem beim gleichen Geschlecht: Wie die Großmutter, so die Mutter, so die Tochter... Und diese Tochter gibt die entsprechende Eigenschaft eines Tages an ihr Mädchen weiter, falls sie den Teufelskreis nicht vorher durchbricht. Deshalb ist es wichtig, für die Verhaltensmuster unserer Eltern wachsam zu sein und mit absoluter Ehrlichkeit in uns hineinzuschauen, um sie bei uns selbst zu entdecken und zu verändern. Oft sind es die Eigenschaften, die uns bei unserer Mutter oder unserem Vater am meisten missfallen oder uns schon als Kind unangenehm aufgefallen sind, die auch in uns mehr oder minder bewusst schlummern oder sich manifestieren.

→ Mehr über die Gründe, warum uns eigene (latente) Verhaltensweisen bei Mitmenschen besonders missfallen, siehe Kapitel 4 von Band II; Info Seite 230

Selbstverständlich tritt auch das Umgekehrte auf, beispielsweise dass ein Kind ängstlicher Eltern oder eines ängstlichen Elternteils ein waghalsiger Draufgänger wird, das Kind von emotional blockierten Eltern extrem starke Gefühlsregungen zeigt. Vielleicht geschieht dies innerhalb des göttlichen Plans genau aus dem Grund, damit solche Verhaltensketten gesprengt werden und eine Veränderung möglich wird, die sich dann vielleicht auch auf die vorangehende Generation auswirkt.

* * *

Einzelkarma und Familienkarma

→ Karma-Gesetz: siehe Glossar Seite 226

Es gibt den Glauben, dass nicht nur jedes Individuum dem Karma-Gesetz unterstellt ist, sondern auch Gemeinschaften von Individuen, wie eine Familie, eine Sippe, eine Stadt, ein Land, ein Kontinent, gar der ganze Planet (innerhalb des Universums) einem kollektiven Karma unterliegen. Wie bei allen Gedankenmodellen lässt sich nicht abschließend sagen, ob es der Wahrheit entspricht oder nicht, was jedoch nicht wichtig ist. Für uns zählt nur, ob dieser Glaube uns auf unserem spirituellen Weg weiterhilft oder nicht.

Können wir auch mit der Vorstellung eines Stadtkarmas oder eines Landeskarmas persönlich vielleicht nicht viel anfangen, so ist das Familienkarma doch eine Theorie, die sich näher zu betrachten lohnt. Bekannt von alters her sind beispielsweise Flüche, die auf einer Abstammungslinie lasten, wovon der bekannteste wohl die biblische Erbsünde ist.

→ Erbsünde: siehe Glossar Seite 225; vergleiche auch Kapitel 3 von Band II; Info Seite 230

Vermutlich haben wir alle schon beobachtet, wie gewisse Familien immer wieder von Schicksalsschlägen heimgesucht werden, viele ihrer Mitglieder fortwährend „Pech" im Leben haben; bei anderen Familien hingegen treten kaum nennenswerte Schwierigkeiten auf, die Kinder sind wohlgeraten, das Leben verläuft zufriedenstellend.

Ob nun aufgrund eines Familienkarmas, genetisch bedingt oder durch Erziehung: Wir sind gewissermaßen mit fremden Schicksalen verstrickt. Selbstverständlich ist uns dies nicht von irgendwelchen bösen Mächten auferlegt, um uns zu quälen, sondern dient nur unserer inneren Entwicklung. Wir wurden in die Familie und Umgebung geboren, die sich am besten für unsere Lebensaufgaben eignet, und mit allen Fähigkeiten und Hilfen ausgestattet, um unsere Situation zu bewältigen und daraus zu lernen.

Es kann nützlich sein, solch unbewusste Verflechtungen bewusst zu machen. Eine geeignete Methode ist beispielsweise das Familienstellen (oder Familienaufstellung), eine vom Psychoanalytiker Bert Hellinger entwickelte Technik. Dabei nehmen fremde Personen, die intuitiv in einem Raum platziert werden, die stellvertretende Rolle eigener Familienmitglieder ein und erfahren auf erstaunliche Weise die Empfindungen des jeweiligen Angehörigen. Durch Umstellen dieser Personen auf andere Plätze treten Verbindungen und Verflechtungen klarer hervor und werden wahrnehmbar; dabei wird ein Bewusstseinsprozess in Gang gesetzt, der in der Seele weiterwirkt und die Befreiung aus belastenden Strukturen und Verhaltensmustern ermöglicht.

→ Zu den Lebensaufgaben siehe Kapitel 1 von Band I; Info Seite 229

Sinnbildlich

Die Weisheit des Fleischers
Eine indische Geschichte

Ein junger Asket, der schon viele Jahre lang Yoga praktizierte und den nach mehr Erkenntnis dürstete, wurde von einer weisen Frau zu einem Fleischer geschickt, mit dem Versprechen, dort neue Einsichten zu finden.

Als er auf den Markt kam und ihn sah, einen dicken Mann, der mit großen Messern Fleisch schnitt und währenddessen mit den Kunden belanglose Gespräche führte, wunderte der Asket sich und zweifelte daran, ob er von diesem Mann tatsächlich etwas lernen könne. Dennoch sprach er ihn darauf an.

Der Fleischer bat ihn ehrerbietig, sich zu setzen und zu warten, bis er seine Arbeit beendet hätte. Später forderte er ihn auf: „Kommen Sie, Swami, kommen Sie mit zu mir."

Im Haus des Fleischers angekommen, bot dieser dem Asketen einen Stuhl an und bat ihn wiederum zu warten. Dann wusch er seinen alten Vater und seine alte Mutter, gab ihnen zu essen und machte alles, was er ihnen zuliebe tun konnte. Erst danach wandte er sich dem Mönch zu: „Swami, was kann ich für Sie tun?"

Dieser stellte ihm einige Fragen über Gott und die Seele und der Fleischer unterwies ihn aus tiefer Weisheit. Der Asket war darüber äußerst erstaunt und fragte: „Warum bist du mit einem solchem Wissen im Körper eines Fleischers und verrichtest so grausige Arbeit?"

„Keine Pflicht ist grausig – ich erledige sie ohne Anhaftung. Ich versuche alles zu tun, um meine Eltern glücklich zu machen. Von deinem Yoga verstehe ich nichts, ich bin weder Bettelmönch noch Einsiedler geworden. Alles was ich weiß, ist zu mir gekommen, während ich meine täglichen Pflichten verrichtete."

FRAGEN & ANTWORTEN

Um uns innerhalb von zwischenmenschlichen Beziehungen zu entwickeln, braucht es die Familie nicht unbedingt. Sind Freunde und andere Menschen, die uns auf unseren Weg gestellt werden, insbesondere der Lebenspartner, nicht ebenso lehrreich?

Jede zwischenmenschliche Beziehung dient dazu, uns den Spiegel vorzuhalten und zu zeigen, worin wir noch nicht vollkommen sind, sodass wir an uns arbeiten können. Allerdings ist es bei Freunden, auch beim Lebenspartner möglich, sie „auszutauschen", wenn sie uns zu anstrengend werden, was wir zuweilen recht schnell tun, anstatt die Probleme zu lösen und dabei zu lernen. Konflikten mit der eigenen Familie, ganz besonders mit den Eltern und den Kindern, können wir hingegen nicht so leicht aus dem Weg gehen.

Es sind vor allem zwei Aspekte, die für uns ausgezeichnete Lektionen in der Lebensschule darstellen:

• Unsere nächsten Bezugspersonen prägen uns in vielerlei Hinsicht durch einschränkende Normen und Regeln, Gebote und Verbote, die in unserem Unbewussten eingraviert sind. Sie hindern uns daran, wahrhaftig und selbstbestimmt zu leben, indem sie unser Verhalten von der unbewussten Ebene aus steuern. Solche Muster bei uns selbst wahrzunehmen ist recht schwer, zumal wir oft gar nicht wissen, dass sie überhaupt vorhanden sind. Einfacher ist es, wenn wir sie bei anderen sehen, in diesem Fall bei unseren früheren Bezugspersonen, meistens den Eltern. Pflegen wir den Kontakt zu ihnen, obwohl die Beziehung herausfordernd ist, so führen sie uns diese Verhaltensweisen laufend vor Augen und wir haben die Chance, sie auch bei uns selbst zu erkennen.

→ Zu Normen, Regeln, Geboten und Verboten siehe Kapitel 5 von Band II; zu den Verhaltensmustern siehe Kapitel 2 von Band II; Info Seite 230

→ Zu den Generationenmustern siehe Seite 83

Natürlich ändern sich die Eltern im Laufe der Jahre, doch manche ihrer Überzeugungen und Verhaltensweisen den Kindern gegenüber bleiben bestehen – sie handeln ja ebenfalls zu einem großen Teil aus ihrem Unbewussten – und sie gehen deshalb mit den erwachsenen Söhnen und Töchtern nach wie vor so um, als wären sie noch klein. Dadurch schauen wir erwachsene Kinder immer wieder in diesen

→ Vergleiche Seite 83

Spiegel und dürfen davon ausgehen, dass eine ganze Anzahl der Eigenschaften, die uns bei unseren Eltern am meisten ärgern, verletzen, in die Enge treiben, frustrieren, genau die Eigenschaften sind, die wir selbst auch besitzen.
- Viele von uns erlitten während der Kindheit Verletzungen durch ihre Eltern und müssen diese Wunden dann als Erwachsene mit ihnen zusammen heilen. Was die Eltern uns auch angetan haben, als wir klein waren und uns nicht dagegen auflehnen konnten, als Erwachsene vermögen wir uns nun zur Wehr zu setzen. Jetzt ist also der Moment gekommen, unsere Eltern darauf hinzuweisen – ohne Wut oder Verärgerung, jedoch klar und bestimmt –, dass sie uns wehtun, wenn sie dieses oder jenes sagen, wir uns ungerecht behandelt fühlen, wenn sie sich in dieser oder jener Weise verhalten. Ihnen die alten Geschichten mit Verbitterung nachzutragen, ist bestimmt nicht förderlich; doch ihnen mitteilen, wie wir uns damals fühlten, und alte Missverständnisse klären, ist für unseren inneren Frieden wertvoll. Und dient auch *ihrer* inneren Entwicklung.

Die Familie, besonders die direkte Linie Eltern-Kinder, ist ein wichtiges Übungsfeld und wir sollten ihm nicht aus dem Weg gehen mit der Ausrede, andere zwischenmenschliche Beziehungen seien wichtiger und könnten es uns ersetzen.

* * *

Wenn ein Kind adoptiert wurde und nichts über seine leiblichen Eltern weiß: Wäre es nicht unerlässlich, sie kennenzulernen, da diese Beziehung doch so bedeutend ist?
Gehen wir davon aus, dass wir in die für unsere innere Entwicklung optimale Umgebung geboren werden, so ist es im Fall einer Adoption eine Mutter oder ein Elternpaar, die das Kind, aus welchen Gründen auch immer, zur Adoption geben. Nehmen wir weiterhin an, der göttliche Plan sei perfekt, so wird das Kind daraufhin von den Menschen adoptiert, die ihm wiederum diese optimale Umgebung bieten. In diesem Sinne spielt es spirituell gesehen erst einmal keine Rolle, ob die Menschen, die das Kind aufziehen, mit ihm blutsverwandt sind oder nicht.

Eine andere Frage stellt sich jedoch: Warum wird das Kind nicht direkt in die Adoptivfamilie geboren, warum dieser „Umweg"? Darüber kann ich nur Mutmaßungen anstellen:
• Das Kind muss im Körper der leiblichen Mutter bestimmte Erfahrungen sammeln – bekanntlich nimmt das Ungeborene ja bereits sehr viel wahr –, danach ist ihm jedoch eine andere Umgebung bestimmt.
• Das Kind dient als Werkzeug, damit die leibliche Mutter die Erfahrung der Schwangerschaft, des Gebärens und der Trennung machen kann. Natürlich stimmt diese Erfahrung auch für das Kind, ist der göttliche Plan doch perfekt.
• Die Adoptiveltern müssen die Erfahrung machen, ein Kind großzuziehen, das nicht ihr leibliches ist und das sich dann möglicherweise nicht nach ihren Vorstellungen und Erwartungen entwickelt.
• Und bestimmt viele weitere Gründe, die meine Vorstellungskraft übersteigen.

Vielleicht ist es für das Kind nicht wichtig, die leiblichen Eltern zu kennen, vielleicht wäre es hingegen eine Bereicherung, ein weiterer Schritt in seiner Entwicklung; das ist wohl von Fall zu Fall verschieden. Spürt es später einen echten inneren Drang dazu, eine Aufforderung der Seele und nicht nur des neugierigen oder gesellschaftlich geprägten Ego, so sollte es versuchen, seine wahren Eltern kennenzulernen, sofern es überhaupt möglich ist. Sieht der göttliche Plan vor, dass es seine Mutter und/oder seinen Vater findet, so wird es geschehen; andernfalls wird es nicht gelingen, wie sehr es dies auch ersehnt und Schritte dafür unternimmt.

→ Siehe auch die Antwort auf Seite 92 zu unehelichen Kindern

Spürt das Kind hingegen, es sei nicht wichtig, sollte es sich keine weiteren Gedanken darüber machen und sich nicht darum bemühen. Selbst dann wird es allerdings mit seinen leiblichen Eltern zusammengeführt werden, wenn das Göttliche es so will.

* * *

Zuweilen erkennen wir als Erwachsene, dass der Vater und/oder die Mutter, die wir als Kinder bewunderten, nicht die Heiligen sind, für die wir sie hielten; vielleicht haben sie Mitmenschen sogar Böses angetan oder sich echter Vergehen schuldig gemacht. Wie sollen wir uns dann verhalten? Den Kontakt abbrechen? Aber die Liebe lässt sich ja nicht einfach abstellen...

Liebe dürfen und sollen wir nach wie vor für sie empfinden. Denn:

→Vergleiche Seite 61

- Wir verurteilen zwar das schlechte Verhalten, aber nicht den Menschen; niemand ist fehlerlos, wir sind alle auf dieser Welt, um zu lernen. Zudem dürfen wir nie annehmen, jemand bleibe stehen, und ihn aufgrund eines früheren Verhaltens beurteilen, denn vielleicht hat er inzwischen gelernt und sich geändert.

- Wahre, reine Liebe ist nicht abhängig von äußeren Gegebenheiten, also weder von Aussehen, Eigenschaften, Besitz, Macht – und auch nicht vom Verhalten eines Menschen. Wahre, reine Liebe vermindert sich nicht, wenn jemand nicht (mehr) unseren Vorstellungen entspricht.

Fühlen wir uns enttäuscht, so liegt es daran, dass wir vorher ein Idealbild dieses Elternteils hatten, das nie der Wirklichkeit entsprach, denn niemand ist perfekt. Wir haben uns also gewissermaßen selbst *getäuscht* und auf jede Täuschung folgt irgendwann im wahren Sinne des Wortes die *Ent-Täuschung*.

Jetzt sehen wir den Elternteil also realistisch; was er auch Schlimmes getan haben mag, ihn zu verurteilen, steht uns nicht zu. Vielmehr sollten wir das Gespräch suchen und ergründen, warum er sich in dieser Weise verhalten hat. Was er auch immer erzählt: Blicken wir hinter die Worte, horchen wir auf die leisen Zwischentöne und versuchen wir dann zu verstehen.

Und noch ein Denkanstoß: Wenn wir die Eltern *beurteilen*, dann nur danach, wie sie sich *uns gegenüber* verhalten haben und noch verhalten. Wie sie zu Mitmenschen waren oder sind, hat nichts mit uns zu tun und gehört ausschließlich zu ihrer Lebensaufgabe und derjenigen der involvierten Personen. Haben wir Vater und/oder Mutter als Kind so sehr geliebt, werden sie für uns wohl gute Eltern gewesen sein. Nur das zählt in unserer Beziehung zu ihnen.

* * *

Menschen auf dem spirituellen Weg, die ihre Eltern sehr lieben, eine tiefe Verbundenheit zu ihnen spüren und ihnen ausgesprochen nah sind, erkennen meistens irgendwann, wie viel Anhaftung mitspielt, und bemühen sich, diese zu lösen. Was müssen sie außerdem daraus lernen?

Das Lösen der Anhaftung ist *immer* eine Lektion in unserer Lebensschule, nicht nur bezüglich der Familie. Was in der Eltern-Kind-Beziehung sonst noch an Lernpotenzial steckt, ist individuell verschieden. Wir dürfen jedoch darauf vertrauen, dass wir jeweils rechtzeitig spüren, falls eine besondere Lernaufgabe ansteht, die Innere Stimme wird es uns sagen.

→ Die Anhaftung ist das Thema von Kapitel 4 in Band IV; Info Seite 231

Im Übrigen dürfen wir eine schöne Beziehung zu den Eltern auch einfach genießen und aus der Innigkeit, Liebe und Harmonie Kraft schöpfen. Eine bereichernde Beziehung mit den Eltern ist vielleicht einfach eine Gnade des Göttlichen an uns; wir müssen ja nicht immer hinter allem Angenehmen gleich eine Lektion oder die Ruhe vor dem Sturm vermuten. Das Göttliche beschenkt uns auch mit viel Schönem, Erfreulichem, Angenehmem. Auf Herausforderungen, die es zu meistern gilt, aus denen wir lernen müssen, treffen wir dann eben auf anderen zwischenmenschlichen Ebenen.

→ Gnade: siehe Glossar Seite 225

Bewältigen wir einfach stets die Aufgaben, die auf uns zukommen, das ist genug. Wir brauchen sie uns nicht zu suchen, sie kommen ganz von selbst – im richtigen Zeitpunkt. Und verpassen wir auch einmal eine Lektion, so vertrauen wir doch darauf, dass sie später wieder auftritt, und brauchen uns nicht vorzuwerfen, etwas versäumt zu haben. Auch sollten wir nicht befürchten, sie könnte künftig härter ausfallen: Das Göttliche bestraft uns nicht, haben wir trotz Ehrlichkeit und Achtsamkeit einmal etwas übersehen, und bürdet uns nie mehr auf, als wir zu tragen vermögen.

→ Zum zunehmenden Schwierigkeitsgrad der Lebenslektionen siehe Kapitel 6 von Band II; Info Seite 230

* * *

→ Vergleiche die Antwort auf den Seiten 88/89 zu den adoptierten Kindern

Wie wichtig ist es für uneheliche Kinder, zum besseren Verständnis ihrer Wesensart ihren biologischen Vater zu kennen?

Was in uns ist genetisch oder epigenetisch vererbt und was ist anerzogen? Entdecken wir bestimmte Eigenarten, physische oder psychische, an uns, so führen wir sie manchmal darauf zurück, der Vater oder die Mutter, gar die Großmutter sei schon so gewesen. Deshalb ist es stets verständlich, wenn Menschen wissen wollen, von wem sie abstammen; bestimmt kann es in gewissen Fällen auch hilfreich sein, um sich selbst besser zu erkennen und zu verstehen.

Will die Mutter dem Kind zuweilen nicht sagen, wer sein Vater ist, kann dies egoische, gar egoistische Motive haben: Sie will es nicht an ihn verlieren oder es nicht mit ihm teilen, sie hegt einen Groll gegen diesen Mann, sie schämt sich für die Beziehung mit ihm, sie will nicht zugeben, dass sie nicht weiß, wer der Vater ist. Es kann jedoch auch sein, dass die Mutter das Kind vor ihm schützen will: Weil er einen negativen Einfluss haben könnte, sie dem Kind den Schock ersparen will, einen „schlechten" Menschen zum Vater zu haben, sie befürchtet, er könnte es ausnutzen, enttäuschen und mehr – natürlich immer aus ihrer Sicht, die nicht objektiv sein muss.

Liegt dem Kind viel daran zu erfahren, wer sein Vater ist, und ihn vielleicht auch persönlich kennenzulernen, so bleibt ihm nichts anderes übrig, als die Mutter davon zu überzeugen. Ob es wünschenswert und sinnvoll ist, dies auf rechtlichem Wege einzufordern, falls sie sich weigert, muss jedes Kind für sich selbst entscheiden. Analoges gilt für ein adoptiertes Kind.

Aus spiritueller Sicht darf das Kind aber auch getrost Frieden mit sich und der Mutter schließen und darauf verzichten, seine Abstammung zu erforschen. In jedem Fall muss es sich selbst nämlich annehmen, wie es ist, denn genau so soll es sein, egal ob es dieses oder jenes vom Vater geerbt hat oder nicht. Die Aufgabe liegt für uns alle, eheliche, uneheliche und adoptierte Kinder, darin, uns selbst zu erkennen und an uns zu arbeiten, um die hinderlichen Eigenschaften abzulegen und diejenigen zu fördern, die uns dem Göttlichen näher bringen.

* * *

Sind die Eltern oder ein Elternteil egoistische, herrische oder rücksichtslose Menschen, ohne Einfühlungsvermögen und ohne Mitgefühl, müssen sie dennoch „geehrt" werden? Einen Menschen mit lauter schlechten Eigenschaften zu ehren – im Sinne von verehren, als Vorbild betrachten und ähnliche –, ist bestimmt nicht förderlich, weder für uns selbst noch für den Betreffenden. Andererseits sollten wir uns stets bewusst sein, dass jeder Mensch einen göttlichen Kern hat. Als menschliches Wesen, ja als Teil des Göttlichen, sollten wir ihn deshalb achten und uns nicht dazu hinreißen lassen, ihn wegen seiner Eigenschaften oder seines Verhaltens zu verurteilen oder gar zu erniedrigen, was jedoch nicht bedeutet, wir müssten sein Verhalten entschuldigen; *beurteilen* dürfen wir es. Ferner sollten wir uns folgende Fragen stellen und sie gründlich erwägen: →Vergleiche Seite 26
• Hat dieser Mensch denn wirklich *keine einzige gute Eigenschaft*? Besitzt er nichts, was ihn für mich wenigstens ein bisschen liebenswürdig erscheinen lässt?
• *Warum* ist dieser Mensch so „schlecht"? Was steckt dahinter? Wie wurde er von seinen Bezugspersonen geprägt? Welche schweren Erfahrungen hat er selbst gemacht? Welche Ängste treiben ihn an?
• Könnte es sein, dass *meine Beurteilung*, zumindest teilweise, auf Voreingenommenheit oder einer verzerrten Optik beruht? Habe ich mich vielleicht vom Urteil anderer beeinflussen lassen? Oder gründet mein Urteil auf alten Erfahrungen und Ressentiments, und ich habe übersehen, wie dieser Mensch sich inzwischen verändert hat?

* * *

Spirituelle Menschen tanzen in einer Familie, bei der die übrigen Mitglieder „allzu weltlich" – also teilweise unehrlich, manipulativ, egoistisch, gar heuchlerisch oder verlogen – miteinander umgehen, aus der Reihe. Es fällt ihnen schwer, mit den anderen auszukommen, und sie ziehen sich oft zurück oder brechen den Kontakt ganz ab, was allerdings ebenfalls leidvoll ist. Ist das der einzige richtige Weg? Wenn es nicht anders geht, ja. Wir haben das Recht, selber über unser Leben zu bestimmen und so zu handeln, wie wir es für richtig halten. Auch wenn dies einen Bruch mit der Familie bedeutet. Doch bevor es so weit kommt, müssen wir immer versuchen, die Situation zu ändern: mit den anderen Familienmitgliedern sprechen, ihnen mitteilen, wie wir die Beziehungen innerhalb der Familie wahrnehmen und wie wir uns dabei fühlen. Auch sollten wir im persönlichen Kontakt einfach wir selbst sein und das Spiel der anderen nicht mitspielen, vielmehr aufdecken, was wir an Falschem erkennen und es offen auf den Tisch legen.

Zugegeben, es ist nicht einfach, sich innerhalb einer Gemeinschaft gegen den Strom zu stellen. Doch vielleicht öffnen die übrigen Familienmitglieder mit der Zeit die Augen und erkennen, dass es bessere Formen des Umgangs innerhalb der Familie gibt.

Mehr als ihnen vorleben, was wir selbst für richtig halten, können wir allerdings nicht tun, wir können andere nicht ändern. Haben wir also die obigen Schritte erfolglos versucht, so bleiben uns nur zwei Möglichkeiten:

- Wir vermeiden den Kontakt weitgehend und lernen, diese Situation nicht länger als leidvoll zu empfinden. Vielleicht ist es tatsächlich unsere Lektion in der gegenwärtigen Lebensschule, uns von Menschen zu trennen, die wir lieben. Dies sollten wir ihnen allerdings offen mitteilen, auch die Gründe dafür, anstatt uns stillschweigend zurückzuziehen. Andernfalls werden sie sich zusammenreimen, was für ihr Ego gerade passt. Bleiben wir dabei offen im Herzen: Keine Entscheidung ist für die Ewigkeit, wir dürfen unsere Meinung jederzeit ändern. Die Familie oder wenigstens einzelne Mitglieder könnten sich ja auch ändern, sodass wir wieder mit offenen Armen auf sie zugehen, wenn der Moment gekommen ist. In der Zwischenzeit schicken wir ihnen liebevolle Gedanken, wir umarmen sie innerlich mit unserer Liebe – das wirkt stärker als Worte und Taten.
- Wir pflegen weiterhin den Kontakt, bleiben dabei wir selbst, ohne uns auf ihr Verhalten einzulassen, und lernen ihre Lebensweise mit Gleichmut auszuhalten. Wir erkennen, wie die Verschiedenartigkeit der Wesen zum großen Bühnenstück des Göttlichen in dieser Welt gehört, wie jede Ausprägung ihren Platz und ihren Sinn hat. Dabei versuchen wir, das Schauspiel gewissermaßen als unbeteiligter

→ Zum Lebensschauspiel siehe Kapitel 1 von Band I; Info Seite 229

Zuschauer zu beobachten, ohne uns emotional darin zu verstricken. Vertrauen wir darauf, dass das Göttliche auch unsere Lieben führt und lenkt, damit sie früher oder später den richtigen Weg finden. Indem wir in ihrer Nähe bleiben und miterleben, was ihnen an Chancen und Herausforderungen zufällt, können wir ihnen auch beistehen, sollte es nötig sein, und ihnen zu Einsichten verhelfen. Wichtig ist, keine Erwartungen oder geheime Hoffnungen zu hegen. Geduld ist gefragt, denn der göttliche Plan verläuft nach seiner eigenen Gesetzmäßigkeit, die mit unserer Zeitmessung nichts gemeinsam hat.

* * *

In mancher Familie gab und gibt es keine spürbare Liebe: Die Eltern tun zwar alles (Materielle) für die Kinder, sind jedoch nicht fähig, ihnen ihre Zuneigung auch zu zeigen. So bereitet es dem erwachsenen Kind später ebenfalls Mühe, sich den Eltern gegenüber liebevoll zu verhalten. Wie kann es das ändern?

Achten wir die Eltern zuerst einmal und beherzigen wir die Erläuterungen aus dem vorangehenden Kapitel „Nächstenliebe – doch das oberste Gebot?". Es steht nirgendwo geschrieben, wahre Liebe müsse als starkes Gefühl empfunden und ausgedrückt werden, zumal diese Empfindung meistens ohnehin aus dem vitalen Ego und nicht aus der Seele stammt. Was wir für die Eltern *tun*, wie wir uns ihnen gegenüber *verhalten*, wie wir liebevoll an sie *denken*, ist ebenso ein Ausdruck von Liebe. →Seiten 51ff.

→Vergleiche Seite 64

Doch wir sollten dann, im Hinblick auf unsere und ihre innere Entwicklung, auch versuchen, ihnen die Liebe zu *zeigen,* also genau das zu tun, wozu sie nicht in der Lage waren und sind, und zwar mit Worten und mit Gesten:
• Wir benutzen Redewendungen wie: „Das ist lieb von dir" oder „Du bist so lieb!", wenn sie beispielsweise etwas für uns getan haben.
• Sprechen wir sie an, um etwas mitzuteilen oder zu erbitten, beginnen wir den Satz mit „Liebe Mutter/Vater", beispielsweise: „Liebe Mutti, hast du schon gesehen, dass ..."; „Lieber Papa, ich möchte dich um einen Gefallen bitten."

- Wir lächeln sie an, verhalten uns stets zuvorkommend, fürsorglich; wir umarmen sie herzlich bei der Begrüßung oder küssen sie zum Abschied.
- Wir berühren sie liebevoll, so oft wir können, wir streicheln etwa ihre Hand, wenn wir uns für etwas bedanken oder ihnen ein Lob aussprechen; wir legen ihnen die Hand auf die Schulter zum Trost oder beim Überbringen einer unangenehmen Nachricht.
- Und was uns sonst noch an Liebesbezeugungen einfallen mag.

Am Anfang kostet es uns vielleicht Überwindung, die erwähnten Worte auszusprechen, und die Berührungen gelingen uns nicht spontan, sondern wir müssen sie bewusst und willentlich tun. Aber mit der Zeit wird es uns zur natürlichen Selbstverständlichkeit.

Möglicherweise reagieren die Eltern nicht sofort darauf oder zeigen sich sogar verunsichert und ablehnend. Lassen wir uns dadurch nicht entmutigen! Sie haben es nie gelernt und brauchen Zeit. Selbst wenn sie lange nicht darauf eingehen, selbst wenn sie unsere Zuneigung und Zuwendung nie erwidern werden, denken wir daran: Wir tun es auch und vor allem für uns selbst – ob sie es für sich annehmen oder nicht, ist ihre Entscheidung.

Weisheiten

Und entschieden hat dein Herr: Ihr sollt ihm dienen nur, und behandelt die Eltern gut! Wenn einer oder beide bei dir alt geworden, so sag nicht zu ihnen „Oh!" und fahre sie nicht an, sondern sprich zu ihnen Worte, edle! Und senke für sie den Flügel der Demut in Barmherzigkeit und sag: „Mein Herr, erbarme dich ihrer, wie sie mich aufgezogen, als ich klein war!"
Koran, Sure 17,23 f.

Mein Vater Jaahimah ging zum Propheten und fragte: „O Gesandter Allahs, ich möchte gerne kämpfen für Allahs Wohlgefallen und ich komme, um nach deinem Rat zu fragen." Der Prophet fragte ihn: „Ist deine Mutter am Leben?" Er sagte: „Ja." Der Prophet riet ihm darauf: „Dann bleib in ihrer Nähe, da bei ihren Füßen das Paradies ist."
An-Nasaa'i

Jedes Kind findet das Paradies zu Füssen seiner Mutter.
Hadith

Verflucht ist, wer seinem Vater oder seiner Mutter nicht Ehre erweist.
5. Mose 27,16

Wenden wir uns dem spirituellen Leben zu, so fallen die zur gewöhnlichen Natur gehörenden Familienbande weg – wir werden den alten Dingen gegenüber gleichgültig. Diese Gleichgültigkeit ist eine Befreiung. Dabei muss nicht Härte aufkommen. An die alte physische Zuneigung gebunden zu bleiben, würde bedeuten, an die gewöhnliche Natur gebunden zu bleiben, und das würde die spirituelle Entwicklung verhindern. Die Anhaftung an die Eltern gehört zur gewöhnlichen physischen Natur – sie hat nichts mit göttlicher Liebe zu tun.
Die Verpflichtung eines Kindes gegenüber seinem Vater, weil er es aufgezogen hat, ist ein Gesetz der menschlichen Gesellschaft, kein karmisches Gesetz. Das Kind hat den Vater nicht darum gebeten, es in die Welt zu setzen, und der Vater hat es zur eigenen Freude getan – so ist das mindeste, was er tun kann, das Kind aufzuziehen. All dies sind soziale Beziehungen (und es ist keinesfalls eine einseitige Verpflichtung des Kindes gegenüber dem Vater), doch wie auch immer sie gestaltet sind, sie enden, wenn wir das spirituelle Leben aufnehmen.
Sri Aurobindo

Die tragenden Gedanken

✧ Weil zu den Eltern starke karmische und emotionale Bande bestehen, ist es wichtig, unsere Beziehung mit ihnen zu bereinigen.

✧ Wie in jeder Liebesbeziehung sollte auch die Liebe für die Eltern frei sein von Anhaftung, von Bedingungen, Forderungen und Erwartungen.

✧ Ist die Beziehung zu den Eltern/zu einem Elternteil problematisch, sollten wir die Schwierigkeiten für uns lösen – mit oder ohne ihre Beteiligung – und dahin gelangen, zumindest ohne Verbitterung, Verletzung oder Vorwürfe an sie denken zu können.

✧ Wir haben das Recht, die Beziehung zu den Eltern abzubrechen, wenn wir es als richtig spüren. Es gibt, spirituell gesehen, keine Verpflichtung des Kindes den Eltern gegenüber. Dennoch ist es eine ausgezeichnete Lektion in der Lebensschule, eine konfliktbehaftete Situation mit den Eltern zu lösen.

✧ Indem wir unser Verhalten den Eltern gegenüber ändern, geben wir auch ihnen die Chance, sich zu ändern, selbst im hohen Alter.

✧ Es existieren innerhalb von Familien bestimmte Verhaltensmuster, die von Generation zu Generation weitergehen, bis jemand sie endlich durchschaut und durchbricht. Oft handelt es sich bei den Eigenschaften, die uns an den Eltern am meisten missfallen, um solche Muster; sind wir ehrlich zu uns selbst, erkennen wir sie auch bei uns.

INNENSCHAU

✧ Trage ich meinen Eltern noch etwas nach, habe ich ihnen nicht alles verziehen?

✧ Ist meine Liebe für meine Eltern wahrhaft bedingungslos?

✧ Liebe ich meine Eltern mit Anhaftung oder mache ich mir oft Sorgen um sie?

✧ Sehe ich meine Eltern objektiv oder ist mein Bild durch Ressentiments getrübt oder durch eine rosa Brille gefärbt?

✧ Habe ich mich bemüht/bemühe ich mich, Konflikte mit den Eltern zu lösen?

✧ Erkenne ich die Muster, die sich über mehrere Generationen ziehen?

Aufgabe zur Selbstveränderung

> **Entwicklungsziel**
>
> Ich bringe meine Beziehung zu meinen Eltern ins Reine, ob sie noch leben oder bereits gestorben sind, indem ich ihnen zuerst danke für das Gute, das sie mir getan haben. Dann teile ich ihnen mit, worin sie mich verletzt haben, und verzeihe es ihnen.
> Ich lerne, hinter meinen Emotionen (Anhaftung, Verletzung, Wut, ...) die wahren Gefühle für meine Eltern zu finden.

→ Bitte beachte „Tipps zum Umgang mit der Sonnwandeln-Reihe" auf Seite 17

Aufgabe: Bereinigen, was zwischen meinen Eltern und mir steht

Auf der nächsten Doppelseite findest du eine Tabelle, in die du eintragen kannst, wofür du deinen Eltern dankbar bist und was du ihnen vorwirfst. Es soll sich dabei nicht um eine Abrechnung mit lauter Kleinigkeiten und einzelnen Ereignissen handeln, vielmehr geht es um die grundlegenden, wichtigen Erfahrungen, die sich dir eingeprägt haben, insbesondere wenn es sich um Verhaltensweisen handelt, die deine Mutter/dein Vater immer noch aufweist. In diesem Sinne solltest du nicht allzu lange darüber nachdenken, sondern einen Moment in dich gehen, spüren, was in dir aufkommt, und es dann aufschreiben.

- Trage jetzt also in der Tabelle ein, was du in dir an Dankbarkeit und an Vorwurf spürst, wobei du in der linken Spalte notierst, ob es sich um den Vater (V), die Mutter (M) oder beide Elternteile (E) handelt, denn möglicherweise hast du mit dem Vater und der Mutter unterschiedliche Themen zu bereinigen.
- Die ausgefüllte Tabelle lässt du nun einige Tage unbeachtet liegen. Dann liest du, was du geschrieben hast, und versuchst bei jedem Punkt zu spüren, wie er sich anfühlt: Kommen die entsprechenden Emotionen/Gefühle immer noch in dir auf oder liest es sich, als hätte es ein Fremder geschrieben? Trag in der Kolonne 1 ein Plus (+) oder ein Minus (-) ein, je nachdem, ob der betreffende Punkt noch zutrifft oder nicht.

- Dann lässt du die Liste wiederum einige Tage liegen, wiederholst das obige Vorgehen und trägst die Ergebnisse in Kolonne 2 ein.
- Die Punkte, die du in Kolonne 2 mit einem Minus bezeichnet hast, streichst du aus der Liste. Die übrig gebliebenen stellen die Punkte dar, mit denen du an deine Eltern herantreten solltest.
- Nun teilst du deiner Mutter/deinem Vater deine Erkenntnisse mit.

– *Wenn deine Mutter/dein Vater noch lebt.* Du sagst ihr/ihm, dass du ihr/ihm dankbar bist für … und dass du ihr/ihm mitteilen möchtest, was dich verletzt, wütend, traurig gemacht hat/macht. Bitte achte darauf, Letzteres nicht als Vorwurf vorzubringen, sondern betone, es gehe dir nur darum, es einmal ausgesprochen zu haben. Fällt es dir sehr schwer, das persönliche Gespräch mit den Eltern zu führen, kannst du es auch in Form eines Briefes machen; die Konfrontation Auge in Auge ist jedoch für dich und für die Eltern wertvoller.

– *Wenn deine Mutter/dein Vater bereits verstorben ist.* Du teilst es ihr/ihm dennoch mit. Du kannst dies am Grab tun, aber auch zu Hause oder an einem schönen Platz in der Natur – die Verstorbenen sind ja nicht an einen bestimmten Ort gebunden. Denk einfach zuerst einen Moment intensiv an den betreffenden Elternteil.

	V/M/E	Ich bin der Mutter/dem Vater/den Eltern dankbar:	1	2
Beispiele	V	Ist immer zu mir gestanden, auch wenn ich große Fehler gemacht habe.		
	E	Haben mich stets ermutigt, an mich zu glauben.		
	M	Hat ihre eigene Karriere geopfert, um sich viel Zeit für mich zu nehmen.		
	V	Hat geschuftet bis zum Umfallen, um mir eine gute Ausbildung zu ermöglichen.		
	M	Hat mir immer vertraut und mir jede angemessene Freiheit gelassen.		
	V	Hatte immer den Mut, seine Ängste einzugestehen.		

V/M/E	Ich werfe der Mutter/dem Vater/den Eltern vor:	1	2	
M	Hat mir nie zugehört, hatte ihre Meinung immer schon gebildet, egal was ich sagte.			Beispiele
V	Hat nie Zeit für mich gehabt und mir immer den Eindruck vermittelt, ich sei ihm gleichgültig.			
M	Hat mich geschlagen, auch vor anderen Leuten.			
E	Haben sich nicht die Mühe gemacht, mich zu verstehen.			
M	Hat mir keine Liebe gegeben.			
V	Hat mich nach seinen militärischen Prinzipien mit viel Härte erzogen.			

Affirmationen

→ Bitte beachte die detaillierte Anleitung auf Seite 216

* Eltern kann hier durch Vater oder Mutter ersetzt werden, falls die Affirmation nur bezüglich eines Elternteils benötigt wird.

Ich behandle meine Eltern* mit Respekt.

Ich gehe liebevoll mit meinen Eltern* um.

Ich öffne mein Herz der Liebe für meine Eltern*.

In meinen Eltern* sehe ich das Göttliche.

Ich verzeihe meinen Eltern* alle ihre Unzulänglichkeiten.

Jetzt löse ich die Konflikte mit meinen Eltern*.

Ich widerstehe der Dominanz meiner Eltern*.

Ich habe den Mut, die Beziehung zu meinen Eltern* abzubrechen.

Ich allein bestimme über mein Leben.

Ich bin nur mir selbst gegenüber verantwortlich.

Ich lasse meine Vergangenheit los.

Ich lasse alle Ketten los.

Ich bin es wert, geliebt zu werden.

Ich fühle mich in mir selbst geborgen.

Imagination

- Ich befinde mich an einem vertrauten Ort; hier fühle ich mich sicher und geborgen, ich spüre die Ruhe um mich und in mir.
- Ich erinnere mich an eine Begebenheit mit meiner Mutter, meinem Vater oder mit beiden, die eine negative Empfindung in mir auslöste (Verletzung, Wut, Frustration, Erniedrigung und andere).
- Ich erlebe die Situation noch einmal, aber sobald die entsprechende Empfindung aufkommt, unterbreche ich den Ablauf der Geschichte und verweile in dieser Empfindung, ohne zu denken, gewissermaßen ohne Worte, ich gebe mich ganz dieser Empfindung hin, ich sehe sie als einen schwarzen Fleck.
- Dann richte ich meine Aufmerksamkeit nach innen, in den Bereich hinter dem Herzen, in der Mitte der Brust, und konzentriere mich nur noch auf diese Stelle, ich lasse mich in mich selbst fallen.
- Auch den schwarzen Fleck meiner negativen Empfindung bringe ich jetzt an diesen Punkt in der Mitte meiner Brust und beobachte, wie er heller und heller wird; gleichzeitig verschwindet die negative Empfindung und ein Gefühl von Liebe, Verständnis und Verzeihen nimmt ihren Platz ein.
- Ich verzeihe meiner Mutter (meinem Vater, meinen Eltern) aus tiefstem Herzen, ich empfinde nur noch Liebe.
- Ich genieße diese Liebe, so lange ich mag, fühle mich wohl und geborgen und friedvoll.
- Schließlich atme ich tief in den Bauch, öffne die Augen, verharre noch eine Weile regungslos, schaue um mich, spüre meinen Körper und bewege mich langsam.

→ Bitte beachte die detaillierte Anleitung auf Seiten 217ff.

Empfohlene Bach-Blüten

→ Bitte beachte die detaillierte Anleitung auf Seiten 220ff.

* Eltern kann hier überall durch Vater oder Mutter ersetzt werden.

Haupt-Blüten

Seelenzustand	Nr.
Ich kann für die Fehler meiner Eltern* kein Verständnis aufbringen und/oder verurteile sie gnadenlos.	3
Ich schaffe es nicht, mich gegen meine Eltern* durchzusetzen, und/oder unterwerfe mich ihnen immer noch.	4
Ich bin über den Tod meiner Eltern* nicht hinweggekommen.	16
Ich mache mir Selbstvorwürfe oder habe Schuldgefühle wegen meiner schlechten Beziehung zu meinen Eltern.	24

Gewählte Blüten:

☐ ☐ ☐ ☐

Zusatz-Blüten

Seelenzustand	Nr.
Liebe zu meinen Eltern* empfinde ich nur, wenn sie sich so verhalten, wie ich es erwarte.	8
Ich habe meinen Eltern* gegenüber negative Gefühle (wie Zorn, Hass, Misstrauen).	15
Ich mute mir bei der Hilfe/Pflege/Unterstützung meiner Eltern* zu viel zu.	22
Ich mache mir zu viele Sorgen um meine Eltern*.	25

Gewählte Blüten:

☐ ☐ ☐ ☐

Empfohlener Heilstein: Peridot (Olivin)

→ Bitte beachte die detaillierte Anleitung auf Seite 223

Wirkung

Die Beziehung zu den Eltern ist individuell sehr unterschiedlich, doch der Peridot vereinigt die am häufigsten erforderlichen Eigenschaften. Er fördert das innere Gleichgewicht und vermindert negative Gefühle. Zudem löst er unterdrückte Trauer und Wut auf, auch Schuldgefühle und Selbstvorwürfe.

Anwendung

Den Peridot auf dem Körper tragen.

Reinigen und Aufladen

Regelmäßig unter lauwarmem fließendem Wasser entladen. Dann an der Sonne oder in einer Bergkristallgruppe aufladen, das ist bei diesem Stein wichtig.

Rückschau und Vorschau

Nachdem du eine Weile – in der Regel mehrere Wochen – in deinem Alltag zum Thema dieses Kapitels an dir gearbeitet hast, blickst du kurz zurück und schaust, wo du stehst. Kreuze bei den untenstehenden Aussagen an, was auf dich zutrifft. Sei ehrlich zu dir selbst, ohne falsche Bescheidenheit und ohne Selbstvorwürfe oder Entmutigung – es ist nur eine Bestandesaufnahme, ohne Wertung, um zu erkennen, in welchem Bereich du dich noch bemühen kannst... damit du wirst, was du bereits bist.

Lernziele dieses Kapitels Erreicht:	Ja	Nein
Ich habe mit meinen Eltern (meinem Vater/meiner Mutter) das Gespräch gesucht und manches klären können. Oder: Ich habe meine Beziehung zu meinen Eltern (meinem Vater/meiner Mutter) für mich geklärt, ohne ihre Beteiligung. Oder: Ich habe die Beziehung zu meinen Eltern (meinem Vater/meiner Mutter) abgebrochen, weil ich gespürt habe, dass es so richtig ist.	☐	☐
Ich habe einige Verhaltensmuster, die mir an meinen Eltern (meinem Vater/meiner Mutter) missfallen, auch bei mir entdeckt und ich arbeite daran.	☐	☐
Das Bild, das ich von meinen Eltern (meinem Vater/meiner Mutter) hatte, habe ich objektiviert und sehe es jetzt realistischer.	☐	☐
Es ist mir gelungen, meine Anhaftung an meine Eltern (meinen Vater/meine Mutter) wenigstens teilweise loszulassen.	☐	☐
Ich hege kaum mehr Groll gegen meine Eltern (meinen Vater/meine Mutter), ich habe ihnen (fast) alles verziehen.	☐	☐
Es gelingt mir immer besser, im Kontakt mit meinen Eltern (meinem Vater/meiner Mutter) nicht in die Rolle des Kindes zu flüchten beziehungsweise mich nicht in die Rolle des Kindes drängen zu lassen.	☐	☐

Mein weiterer Entwicklungsschritt

Notiere jetzt eine Einsicht/Herausforderung/Aufgabe, an der du arbeiten willst – aber nur eine!
Dann prägst du sie dir gut ein, bittest das Göttliche, dich dabei zu führen und dein Bemühen zu fördern, und lässt sie los. Du kannst jetzt mit dem nächsten Kapitel und dessen Aufgaben weiterfahren.

Den Entwicklungsschritt, den du hier aufgeschrieben hast, darfst du von Zeit zu Zeit nachlesen, gewissermaßen zur Erinnerung, aber beschäftige dich gedanklich nicht mehr damit. Den Impuls hast du nämlich gesetzt – überlass es dem Göttlichen, ihn so umzusetzen, wie es für dich gut ist.

....
....
....
....
....
....
....
....
....
....
....
....
....
....

Lassen wir zu, dass aus der Liebesbeziehung ein Deal wird, kehren wir der wahren, reinen Liebe den Rücken und entzweien uns aus der Einheit. (Bild: Holzskulptur von Ugo Giacometti im Parco Ciani in Lugano)

4. Liebe ist kein Deal.

Themen dieses Kapitels
• Warum Liebesbeziehungen zum Deal entarten und so nicht funktionieren können • Der Liebesvertrag und das Kleingedruckte • Die unterschiedlichen Beziehungen innerhalb von Familie und Freundeskreis • Wie unser Ego mit seinen Ängsten und Wünschen reine Liebe verhindert • Eine Beziehung aufrechterhalten um jeden Preis? • Was braucht es zu einer „guten" Beziehung?

Entwicklungsziel
Ich lasse Erwartungen und Forderungen an die geliebten Menschen fallen; ich messe meinen Vorstellungen und Wünschen hinsichtlich dieser Beziehungen nicht mehr so viel Bedeutung bei. Dennoch unterwerfe ich mich nicht einem anderen Ego und bleibe mir selbst treu, ohne dass sich die Liebe zum jeweiligen Menschen vermindert.

Einführende Gedanken

Reine Liebe

Etwas vom Schönsten, was ich über die wahre Liebe je gelesen habe, stammt vom persischen Mystiker Dschalaluddin Rumi, der im 13. Jahrhundert lebte.

Ein Mann klopfte an die Tür der Geliebten.
Eine Stimme fragte: „Wer ist da?"
Er antwortete: „Ich bin es."
Die Stimme sagte: „Hier ist kein Platz für mich und dich."
Die Tür blieb geschlossen.
Nach einem Jahr Einsamkeit klopfte der Mann wieder an die Tür.
Eine Stimme fragte: „Wer ist da?"
Er antwortete: „Du bist es."
Die Tür wurde geöffnet.

(Frei übersetzt nach Dschalaluddin Rumi)

Zu solch reiner, wahrer Liebe, bei der es kein Ich und Du mehr gibt, die Liebenden zur Einheit verschmelzen, sind wir fähig – wenigstens für einen Augenblick – und sie ist es, die unser Herz begehrt und es beglückt.

Die erste Berührung der Liebe bringt etwas Reines und Wahres in uns ein. Wir lieben, weil wir lieben, nicht weil wir etwas dafür bekommen, wir sind glücklich allein darüber, unsere Liebe zu fühlen, wir *sind* Liebe, mit Selbstlosigkeit und Selbstvergessenheit, Hingabe und Geduld, Einfühlung und Mitgefühl, Freigebigkeit und Edelmut.

Diese reine Liebe ist eine Energie, die Berge versetzt, das Beste in uns fördert, uns zu Höchstleistungen antreibt – dank ihr können wir über uns selbst hinauswachsen. Sie ist eine Kraft, die uns unsere Begrenzungen vergessen macht, unsere Angst ausblendet, uns über unseren Schatten springen lässt. Wenn wir lieben, sehen wir das Schöne und Gute, geben bedingungslos, ohne es je als Opfer zu empfinden.

Warum wird aber aus dieser reinen und wahren Liebe nach einer Weile ein Kampf um Erfüllung unserer Forderungen und Erwartungen, eine Auseinandersetzung voller Missverständnisse und Unverständnis?

Von der wahren Liebe zum Deal
Wir sind zu reiner, wahrer Liebe fähig – das haben wir schon erlebt. Erinnern wir uns doch etwa daran, wie es ganz am Anfang unserer Beziehung mit dem geliebten Menschen war oder sogar bevor die Beziehung richtig begann: Dieses beglückende Gefühl, die Wärme und Innigkeit im Herzen beim bloßen Gedanken an den Geliebten, die überwältigende Freude bei seinem Anblick! Die Liebe genügte sich selbst, sie brauchte nichts, verlangte nichts, der Liebende und die Liebe waren eins.

Der erste Schritt in die fatale Entwicklung geschieht in dem Moment, in dem wir den Geliebten wissen lassen wollen, dass wir ihn lieben. Von da an genügt sich unsere Liebe nicht mehr selbst: Wir projizieren sie auf das Objekt unserer Liebe, auf ein Gegenüber – und aus der Einheit wird eine Zweiheit.

→ Siehe Seite 130

Der Vertrag...
Verträge sind uns allen wohlvertraut: wenn wir eine Wohnung mieten, einen Job annehmen, eine Reise buchen, auch wenn wir beim Bäcker ein Brötchen kaufen. Es sind schriftliche oder mündliche Verträge, Kaufverträge, Mietverträge, Arbeitsverträge, Dienstleistungsverträge. Unser Leben ist geprägt von vertragsmäßigen Beziehungen, zwischen den Vertragspartnern abgesprochen und festgehalten, wobei die Bedingungen offenkundig sind oder ausgehandelt werden. So verhält es sich mit der Wohnung, der Arbeitsstelle, dem Ferienaufenthalt. Sogar wenn wir nicht immer genau erhalten, was der Schein verspricht und wir uns erhoffen, sind diese Deals jedenfalls uns selbst und dem Vertragspartner als solche bewusst: Sie beruhen auf dem Prinzip von Leistung und Gegenleistung.

Aber auch wenn wir joggen gehen, schließen wir einen stillen Vertrag ab, wir machen einen Deal: Wir wollen dafür Fitness, Gesundheit, Ausschüttung von Glückshormonen. Lösen wir ein Kreuzworträtsel, ist die Gegenleistung die eigene Befriedigung, eine knifflige Aufgabe bewältigt zu haben. Erledigen wir unsere Arbeit gut: die Anerkennung des Chefs. Helfen wir jemandem: Selbstzufriedenheit und Dankbarkeit.

Dieses Vertragsdenken bringen wir auch in unsere Liebesbeziehung ein, in dem Moment, in dem wir im Gegenzug für unsere Liebe erwarten, ebenso geliebt zu werden. Selbst die Liebe zu unseren Kindern, Eltern und anderen Verwandten, auch zu unseren Freunden ist kaum je vollständig bedingungslos, sondern meistens an deren Wohlverhalten geknüpft.

Eines der Probleme dabei ist: Wie messen und bewerten wir die Liebe? Die Liebe, die wir geben, und die Liebe, die wir bekommen?

... und das Kleingedruckte
Ebenso wenig wie wir bei schriftlichen Verträgen die meistens auf der Rückseite klein gedruckten umfangreichen Allgemeinen Vertragsbedingungen lesen, in der Annahme „es werde schon recht sein", genauso wenig sprechen wir die ergänzenden Bedingungen des Liebes-Deals aus. Oft sind sie uns auch gar nicht bewusst, zumindest nicht in dem Moment, in dem wir die Beziehung, also den Deal, eingehen.

Wie bei den geschäftlichen Verträgen sind sie es, die uns im Nachhinein das Leben schwer machen, und sie treten erst dann zutage, wenn die Erfüllung ansteht. Es geht dabei meistens nicht um fundamentale Werte wie Treue, Ehrlichkeit, Respekt und mehr, sondern um die alltäglichen Kleinigkeiten – die zur alltäglichen Frustration und zum Kampf führen.

Es ist aber möglich, die anfängliche reine, wahre Liebe zu erhalten oder die egoische, verzerrte Liebe wieder in reine, wahre Liebe zu verwandeln.

In der Regel akzeptieren wir nämlich einfach, dass unsere Beziehung so unvollkommen ist und uns auch Leiden bringt, wir nehmen es als gegeben an: Es sei nun mal die menschliche Natur. Aber im Gegensatz zu den Tieren, die hauptsächlich durch ihren Art-Instinkt gesteuert handeln und für jede Veränderung der langsamen Evolution ausgeliefert sind, haben wir Menschen die Möglichkeit und die Fähigkeit, unsere Entwicklung selbst zu fördern und in eine Richtung zu lenken, die uns mehr Zufriedenheit und weniger Schmerz beschert – auch bei der Liebe.

Vertiefende Aspekte

Der Liebesdeal beruht auf Geben und Nehmen.
Ich will zuerst explizit festhalten, dass alles Nachfolgende nicht ausschließt, was ich an anderer Stelle immer wieder betone: Wir sollen uns selbst treu bleiben, uns nicht einem anderen Ego unterwerfen, keine faulen Kompromisse eingehen aus Angst, die Liebe zu verlieren. Es geht vielmehr darum, unsere spirituelle Ausrichtung auch in die Liebesbeziehung einzubringen – oft macht sie nämlich davor halt, weil Emotionen wie Eifersucht und Verletzung sehr stark sind und uns blind machen, ferner viele tief sitzende gesellschaftlich akzeptierte Muster mitwirken, derer wir uns nicht bewusst sind oder die wir für „normal" halten.

Eine falsche Annahme und die daraus entstehende Verhaltensweise, welche die Paarbeziehung belastet, beruht auf dem erwähnten Vertragsdenken. Wir bringen uns selbst in die Beziehung ein, geben viel, wollen dafür aber auch etwas bekommen, die Beziehung mit dem Partner muss uns glücklich machen. Ich erinnere daran: Die dauerhafte Zufriedenheit finden wir ausschließlich in uns selbst, wir dürfen sie nicht von äußeren Umständen abhängig machen oder sie delegieren, und wahrhaft glücklich werden wir nur durch Wunschlosigkeit. Auch in unserer Liebesbeziehung.

→ Auf die Wunschlosigkeit gehe ich ausführlicher in den Kapiteln 3 und 4 von Band IV ein; Info Seite 231

Wir wissen ja, dass wir stets bekommen, was richtig für uns ist, also auch den entsprechenden Partner: Er ist exakt die Herausforderung, die wir brauchen. Wie wir damit umgehen, richtet sich nach den gleichen spirituellen Prinzipien, die wir auch sonst im Alltag anwenden, bis hin zur Entscheidung, uns vom Partner zu trennen. Doch bevor es so weit kommt, sollten wir zumindest *ein Mal* einen anderen Ansatz versuchen: Anstatt auf den eigenen Vorstellungen und Wünschen zu beharren, fühlen wir uns in den Partner ein und nehmen *seine* Vorstellungen und Wünsche so in uns auf und an, als wären es die eigenen. Anstatt unsere Energie in den Kampf für unser Wollen zu stecken, das nicht selten darauf abzielt, den Partner, besser gesagt dessen Verhalten, zu ändern, verwenden wir die gleiche Energiemenge darauf, auf die Bedürfnisse des Partners einzugehen. So entsteht aus der Zweiheit die ersehnte Einheit.

Wir werden bald überrascht feststellen, wie unsere eigenen Wünsche uns nicht mehr so bedeutsam erscheinen – weil sie es in der Tat, von einer höheren Warte aus betrachtet, auch nicht sind. Selbstverständlich dürfen wir uns dabei nicht gegen die Innere Stimme stellen, in keinem Augenblick so handeln, wie wir es als unrichtig empfinden; es geht vielmehr um all die egoischen Blickwinkel, die aus der Sicht der Seele absolut unwichtig sind.

Oft befürchten wir, unser Entgegenkommen und unsere Nachgiebigkeit könnten vom Partner ausgenutzt werden und wir folglich bloß sein Ego unterstützen. Dieses Risiko besteht. Doch im Allgemeinen ist es nicht so groß, wie wir meinen. Kommen wir dem Geliebten nämlich entgegen – aus Liebe versteht sich, nicht aus Angst! –, so bringen wir in die Beziehung eine so machtvolle positive Energie ein, dass ein einseitiges Profitieren und Ausnutzen auf Dauer nicht möglich sind. Vorausgesetzt unser Entgegenkommen enthält nicht die leiseste Spur eines Deals. Zudem: Im Moment, in dem wir unsere eigenen Vorstellungen über die Beziehung und den Partner relativieren und nicht so wichtig nehmen – was könnten wir noch als „ausgenutzt werden" empfinden? Es wäre bloß eine Verletzung des Ego. Auf der anderen Seite ist es, spirituell gesehen, nicht unsere Angelegenheit, falls der Partner sich einen Vorteil aus unserer Gutmütigkeit verschafft: Er ist für sein Verhalten nur sich selbst gegenüber verantwortlich.

> Vergleiche Seiten 21, 34 und 125

Ein anderer Aspekt des Liebesdeals: Wir wollen nicht nur Liebe bekommen, sondern – und dieser Wunsch ist manchmal sogar stärker – Liebe geben. *Wollen* ist das entscheidende Wort. Es handelt sich um ein egoisches Element, das wir ablegen sollten. Nimmt der geliebte Mensch unsere Liebe nämlich nicht wahr oder nicht an oder zeigt sich nicht dankbar (genug) dafür – eine Liebe, die wir ausdrücken als Umsorgen bis Uns-Sorgen-um-ihn-machen, als Beraten bis zum Besser-wissen-was-für-ihn-gut-ist, als Zusammensein bis zum Nicht-von-ihm-lassen-können –, so fühlen wir uns verletzt und verzeihen es ihm nicht. Es fällt uns stets schwer zu akzeptieren, dass er nicht alles haben möchte, was wir ihm schenken wollen.

> Zum egoischen Wollen vergleiche Kapitel 5 von Band I; Info Seite 229

* * *

Die unterschiedlichen Liebesbeziehungen: zwischen Partnern, Eltern und Kind, Geschwistern, Freunden
Ich spreche in diesem Kapitel hauptsächlich über die Paarbeziehung. Da es jedoch nur *die* Liebe gibt und nicht mehrere Arten, lässt sich fast alles auf jede Beziehung übertragen. Gemeinsam ist allen, dass wir keine Erwartungen haben und Forderungen stellen sollen, sondern lieben um der Liebe willen, uneigennützig und bedingungslos. Allerdings müssen wir uns bewusst sein, wie in verschiedenen Beziehungen unterschiedliche egoische Elemente wirken; diese erläutere ich nachfolgend kurz.

• *Beziehung des erwachsenen Kindes zu den Eltern.* Wir achten darauf, nicht in die alten Muster zu fallen, es den Eltern recht machen und ihnen etwas beweisen zu wollen, aber auch nicht, andererseits, uns grundsätzlich erst einmal gegen alles aufzulehnen, was von ihnen kommt. Die Eltern lieben heißt: ihnen mit dem Verständnis, dass sie auch nicht perfekt sind, die alten Fehler verzeihen und über die heutigen großzügig hinwegsehen, da wir jetzt als Erwachsene nicht mehr von ihnen abhängig sind und selbst über unser Leben bestimmen.

• *Beziehung der Eltern zum erwachsenen Kind.* Das Kind dürfen wir nicht länger als kleines Kind sehen, dem wir sagen müssen, was es zu tun hat, und ihm nie das Gefühl vermitteln, die elterliche Liebe hänge von seinem Wohlverhalten ab. Wir akzeptieren, dass es seinen eigenen Lebensweg in Eigenverantwortung geht, sind uns bewusst, dass wir ihm nichts abnehmen können an (leidvollen) Erfahrungen, und stützen es darin, ohne es zu tadeln oder zu verurteilen.

• *Beziehung zwischen Geschwistern.* Die alte Rangordnung der Geschwister innerhalb der Familie, altes Konkurrenzdenken und übertriebenen Beschützerinstinkt legen wir ab, erkennen die erwachsenen Geschwister als selbstständige, eigenverantwortliche Menschen und akzeptieren sie, unabhängig von ihrem Verhalten uns gegenüber oder allgemein.

• *Beziehung zwischen Freunden.* Hier gilt es, exakt die gleichen Mechanismen wie bei Paarbeziehungen zu beachten, denn Freunde suchen wir uns im Gegensatz zur Familie selbst aus und es spielen analoge Elemente wie Loyalität, Vertrauen, Eifersucht, Auseinanderleben und mehr.

In den oben erwähnten Beziehungen sind natürlich weit mehr psychologische Hürden verborgen; ich habe jeweils nur die wichtigsten erwähnt. Unsere Aufgabe besteht darin, bei *jeder* zwischenmenschlichen Beziehung wachsam an uns selbst zu arbeiten – und nicht etwa am Andern.

* * *

Eine orientalische Geschichte über wahre Liebe
Nachfolgend erzähle ich noch eine Liebesgeschichte, die im Nahen und Mittleren Osten jahrtausendelang in vielen verschiedenen Versionen mündlich weitergegeben wurde; im 12. Jahrhundert sammelte der persische Dichter Nizami die traditionellen Erzählungen und verband sie zu einem großen poetischen Werk.

Die Liebe zwischen Majnun und Layla* entbrannte, als sie sich zum ersten Mal sahen. Doch die Familie des Mädchens erlaubte die Heirat nicht und zog weg. Das brach dem Jüngling das Herz, er wurde zuerst melancholisch und dann verrückt – irr vor lauter unerfüllter Liebe. Er wanderte umher und sang Lieder über seine Liebe zu Layla; viele hörten zu, die Kinder im Bazar sangen sie nach, und diese Gedichte drangen bis zu Layla, die auch an nichts anderes mehr denken konnte als an Majnun. Sie empfing die Botschaft des Geliebten und streute ihre Liebesbriefe an ihn in den Wind.

Nachdem Majnuns Eltern Ärzte und Heiler befragt hatten und keiner ihrer Ratschläge half, pilgerten sie mit ihm nach Mekka. Dort beteten sie zu Allah, er möge doch die Liebe zu Layla von ihrem Sohn nehmen, und hießen auch ihn darum beten. Er aber sprach nur: „Ich will meine Layla." Da gaben seine Eltern auf und erlaubten ihm, weiterhin umherzuziehen und jeden zu fragen, ob er wisse, wo seine Layla sei.

Eines Tages traf er einen Boten auf einem Kamel, der ihm antwortete: „Die Eltern haben Layla in eine andere Stadt gebracht, hundert Meilen von hier." Majnun bat ihn, ihr eine Botschaft von ihm zu überbringen. Als der Mann einwilligte, begann er mit dem Aufsagen seiner Botschaft und ging dabei neben dem Kamel her. Die Botschaft der Liebe nahm kein Ende! So erreichte Majnun zusammen mit dem Boten die Stadt, in der seine Layla wohnte.

Bald war in der Stadt bekannt, dass Majnun hier weilte. Laylas Eltern beschlossen, noch einmal wegzuziehen, um die Liebenden zu trennen, doch Layla schaffte es vor der Abreise, Majnun eine Nachricht zu schicken. Er verließ die Stadt vor ihr und wartete am Karawanenrastplatz in der Wüste, in der Hoffnung, die Geliebte zu sehen. Als die Familie dort eintraf, vermuteten Laylas Eltern Majnun nicht in der Nähe und erlaubten ihrer Tochter einen Spaziergang allein mit ihrer Dienerin.

So trafen sich die Liebenden, überglücklich. Doch das Glück währte nur einen Augenblick – Layla musste zurück ins Nachtlager.

Als er Layla seinem Blick entschwinden sah, konnte sich Majnun, geschwächt durch die jahrelangen Entbehrungen, nicht mehr aufrecht halten und lehnte sich an einen Baumstamm. Dort blieb er der Hitze und der Kälte ausgesetzt unbeweglich, Monate, Jahre; sein Körper wurde Teil des Baumes, seine Arme zu Ästen.

Als Laylas Familie nach langer Zeit zurückkehrte und wieder am gleichen Ort in der Wüste rastete, wollte Layla zum einstigen Treffpunkt. Unterwegs traf sie einen Holzsammler, der ihr davon abriet, in diese Richtung zu gehen: „Dort wohnt ein Geist, etwas zwischen Baum und Mensch; als ich einmal einen Ast abschlug, seufzte er 'Layla'."

Von diesen Worten tief berührt, fand sie schließlich den Geliebten, tatsächlich mehr Baum als Mensch, rief seinen Namen und sagte: „Ich bin es, Layla." Er antwortete: „Ich bin Layla." Sie wiederholte: „Nein, ich bin es, ich bin zurückgekommen!" Er sagte: „Du bist Layla? Dann bin ich es nicht", und starb. Sie flüsterte noch einmal seinen Namen und hauchte ebenfalls ihr Leben aus.

* Majnun bedeutet auf Arabisch „verrückt", Layla „Nacht". Die Geschichte wird auch als mystische Sufi-Dichtung gedeutet: Majnun ist der Mensch, verrückt vor Liebe zum Göttlichen, das er nicht erlangt, Layla das verborgene Göttliche, die dunkle Nacht vor der Erfüllung.

Sinnbildlich

Der selbstlose Deal
Eine Sufi-Geschichte

Ein Mann auf der Suche nach Weisheit begab sich zu einem Meister, um von ihm unterrichtet zu werden. Dieser antwortete: „Ich gebe dir das Wissen im Tausch für einen Teppich, den es im Gebetsraum unserer Moschee braucht."

Der Mann ging in eine Weberei und bat darum. Der Weber sagte: „Ich mache dir einen Teppich, aber du musst mir dafür Garn bringen." So suchte der Mann eine Spinnerin auf und trug ihr sein Anliegen vor. Die Frau meinte: „Wenn du mir Ziegenhaar besorgst, spinne ich dir Garn daraus." Der Mann machte sich auf zu einem Hirten: Dieser forderte als Gegenleistung ein Gehege für seine Ziegen.

Der Wissensdürstende erzählte einem Zimmermann seine Geschichte und bat ihn: „Bitte bau dem Ziegenhirten ein Gehege, damit er mir etwas Ziegenhaar überlässt, das ich der Spinnerin geben kann, um von ihr Garn zu bekommen, woraus der Weber einen Teppich webt, den ich beim Meister gegen Wissen eintauschen kann." Der Zimmermann meinte: „Jeder gibt offenbar nur, wenn er etwas dafür bekommt. So will ich auch etwas für das Gehege: Was ich mir wünsche, ist eine Frau."

Der Mann hörte sich daraufhin um und erfuhr schließlich, es gebe eine junge Frau, welche die Ehe nur mit genau so einem Zimmermann eingehen würde. Die Heiratsvermittlerin wollte dafür aber Wissen bekommen. Der Mann erklärte ihr: „Für das Wissen brauchen wir einen Teppich, dafür Garn, dazu Ziegenhaar, für die Ziegen das Gehege, das nur der Zimmermann bauen kann und er will die Frau heiraten! Also sag mir, wer diese Frau ist, und am Ende wirst du Wissen bekommen." Die Heiratsvermittlerin verstand die komplizierte Geschichte aber nicht und schickte ihn unverrichteter Dinge fort.

Der Verzweiflung nahe, weil er nun sein Wissen nie erlangen würde, irrte der Mann durch die Straßen und murmelte fortwährend seinen Spruch, was er alles brauche. Ein Kaufmann bemerkte ihn und hielt ihn für einen Derwisch, der Gebete rezitiert. Er sprach ihn an und bat ihn, seine Tochter zu heilen, die schon lange dahinsiechte.

Der Wissensdürstende lehnte zuerst ab, er sei kein heiliger Mann, gab dem Drängen des besorgten Vaters aber am Ende nach und besuchte das Mädchen. Auch dieses schien in ihm einen besonderen Menschen zu erkennen und vertraute ihm an, sie sei krank vor Liebe; als Auserwählten nannte sie jenen Zimmermann, der das Gehege bauen sollte! Zum Wohl seiner Tochter erlaubte der Kaufmann sofort die Heirat.

Nun baute der Zimmermann das Gehege für die Ziegen und der Suchende bekam das Ziegenhaar, das er der Spinnerin brachte, die es zu Garn spann, woraus ein Teppich gewoben wurde, den der Mann schließlich seinem Meister überreichte.

Der Weise sagte lächelnd: „Du hast das Wissen bereits gefunden. Solange du gehandelt hast, um etwas dafür zu bekommen, warst du weit davon entfernt – aber das kranke Mädchen hast du ganz selbstlos aufgesucht."

Fragen & Antworten

Viele Verträge im täglichen Leben funktionieren doch gut: Warum sollte ein klarer Deal, im Stil einer Vernunftehe, die Beziehung nicht auch vereinfachen?

Nur die einfachen Deals funktionieren gut: Wir sehen ein Brötchen beim Bäcker und kaufen es aufgrund seines Aussehens, das in uns bestimmte Vorstellungen über die Qualität weckt; das Brötchen ist mit einem Preis angeschrieben und wir schätzen ab, ob es ihn wert ist. Essen wir das Brötchen dann, so erkennen wir, ob unsere Erwartungen erfüllt werden oder nicht. Falls nicht, beschweren wir uns beim Bäcker und bekommen vielleicht unser Geld zurück oder ein anderes Brötchen; vielleicht lassen wir es aber auch dabei bewenden, weil es nicht so wichtig ist und es sich nur um einen geringen Wert handelt.

Bei komplexeren Verträgen, bei denen es um mehr geht, verhindert man nachträgliche Streitigkeiten nur, wenn *alle* Eventualitäten ausgehandelt und darin berücksichtigt werden. Was jedoch unrealistisch ist und nicht geschieht, andernfalls kämen keine Streitfälle vor Gericht. Und es funktioniert erst recht nicht bei der Liebesbeziehung. Abgesehen davon, dass wir schlichtweg nicht in der Lage sind, alle gegenwärtigen und künftig auftauchenden Vertragspunkte einzubauen, ist es unmöglich, im Vertrag die folgenden Aspekte zu berücksichtigen:

• *Die Werteskala.* Der Wert eines Brötchens ist innerhalb eines eng begrenzten Bereichs allgemein bekannt und akzeptiert: Der Bäcker weiß, welche Qualität erwartet wird, und wir wissen, was wir ihm dafür schulden. Nicht so im Liebesdeal. Die „Vertragspartner" kennen die Werte des andern nicht – auch ihre eigenen kennen sie kaum. Es ist bei Weitem nicht damit getan, Grundlegendes im Vertrag festzuhalten, wie etwa Treue und Ehrlichkeit. Zu viele Inhalte unseres Unbewussten sind uns selbst verborgen – wie könnten wir sie dem Partner mitteilen und in den Vertrag einfließen lassen?

Zudem hat der Geliebte nicht die gleichen Wertmaßstäbe: Etwas, was wir als überaus wertvoll erachten, kann für ihn von untergeordneter Bedeutung sein und umgekehrt. Diese

Werteskala stammt aus unserer „Programmierung" und lässt sich nicht so einfach durch Argumente und Verhandlungen angleichen, sodass eine Einigung unmöglich ist.

→ Zur Programmierung vergleiche Kapitel 2 in Band II; Info Seite 230

- *Stille Erwartungen.* Aus Angst, Scham, Egoismus oder weiteren Gründen teilen sich die beiden Partner gewisse Wünsche und Vorstellungen nicht mit: Sie handeln also keinen umfassenden Vertrag aus, den beide unterzeichnen und der für beide bindend ist. Hingegen ist die Beziehung voller stiller Erwartungen beiderseits – die sich zudem fortlaufend ändern –, von denen der andere Partner nichts weiß und die er deshalb höchstens einmal per Zufall erfüllt.

Die Aussage „Wenn er mich liebt, müsste er doch wissen, merken, fühlen, dass ich das und das möchte, brauche, erwarte" ist absolut unsinnig. Denn auch hierbei funktioniert der Partner aufgrund seines eigenen Unbewussten – nicht unseres! – und filtert unsere ausgesandten Signale seiner Programmierung entsprechend. Er kann schlicht nicht wissen, was wir erwarten, brauchen, möchten, wenn wir nicht Klartext reden, ohne Schnörkel und Schleier, die er wiederum falsch interpretieren könnte.

→ Die Tücken der Kommunikation sind ein Thema von Kapitel 4 in Band II; Info Seite 230

- *Unbestätigte Annahmen.* Mit der Problematik „nicht explizit miteinander kommunizieren" verwandt sind auch die Annahmen, die wir ständig machen über die Verhaltensweisen und Handlungen des Partners, über seine Gedanken und Gefühle, ohne es wirklich zu wissen. Ist er einmal wortkarg, nehmen wir an, wir hätten etwas falsch gemacht, er habe am Arbeitsplatz Ärger, vom Arzt eine schreckliche Diagnose bekommen oder sich in einen anderen verliebt... Vielleicht fragen wir dann sogar, was mit ihm los sei. Weil wir aber die Antwort „Nichts" oder „Ich bin einfach müde" nicht glauben und sie uns nicht weiterhilft, fahren wir mit unseren Annahmen fort, ziehen weitere hinzu und nach der für uns plausibelsten richten wir uns schließlich. Diese alltägliche Situation ist nur ein Beispiel für tausende: Ständig nehmen wir etwas Unbestätigtes an und bauen darauf unsere Reaktion, unser Verhalten, unsere Gedanken und Gefühle auf. Wie oft stellt sich später heraus, dass wir einer Fehldeutung erlegen waren! Nicht umsonst ist das Missverständnis das Spannung erzeugende Element in billigen Liebesromanen und -filmen. Es muss nicht immer dramatische

Folgen haben; es wiegt schwer genug, wenn wir manche unserer Verhaltensweisen und Handlungen auf Annahmen begründen und dadurch in einer Scheinwirklichkeit leben. Es ist wie Luftschlösser bauen: Wir können sie immer mehr ausgestalten, mit prächtigen oder schaurigen Vorstellungen verzieren – am Ende platzt die vermeintlich tragende Substanz wie eine Seifenblase und alles Drumherum bröckelt ab und zerfällt gleichermaßen.

• *Die vitale (emotionale) Komponente.* Der emotionale Teil unseres Ego dominiert meistens in Liebesangelegenheiten. Mit – besser gesagt *trotz* – Emotionen lassen sich wohl Verträge abschließen, daraufhin aber schlecht einhalten. Stellen wir uns vor: Das Brötchen im Schaufenster des Bäckers wird von warmen Lampen beschienen und aus der Backstube weht der Duft von frischem Brot. Wir lassen uns vom Aussehen und Geruch betören, nicht zuletzt auch von unserem Hunger antreiben, und kaufen das Brötchen. Mit großen Erwartungen beißen wir hinein – gut, aber nicht außergewöhnlich, so wie ein normales Brötchen eben schmeckt. Unser Partner ist – wie wir alle – ein „ganz normales Brötchen" und auf *dieser* Basis gehen wir den Vertrag ein, das wissen wir wohl, und nicht aufgrund der Eigenschaften, die wir in der ersten Liebesblindheit in ihn hineinprojizieren oder uns erhoffen. Nach einer Weile in die Objektivität zurückgekehrt, wollen wir uns nicht damit abfinden, dass er nicht unserer Illusion entspricht, und starten die Veränderungsstrategie. Schlimmer noch: Wir fordern von ihm mehr, als wir in der anfänglichen Selbsttäuschung in ihm gesehen hatten, Qualitäten, von denen wir wussten, dass er sie nicht besitzt. Das ist so, als kauften wir eine weiße Semmel – genau die aus dem Schaufenster – und wären später enttäuscht, weil sie nicht mit Mohn und Kümmel bestreut ist. Der Verstand würde uns solch ein Verhalten nicht durchgehen lassen, aber unser irrationales emotionales Ego ist stärker. Dabei glauben wir tatsächlich daran, wir könnten den Partner ändern. Und wir hätten das Recht dazu.

Die Liste der emotionalen Aktionen und Reaktionen, bei denen eine gewisse Vernunft und Loyalität gegenüber der Einhaltung des Vertrags völlig versagen, ist unendlich lang und zieht sich durch jeden Bereich der Paarbeziehung.

→ Zur Einhaltung des Vertrags vergleiche Seite 132

- *Die Verlustangst.* Oft lässt uns die Angst, den Geliebten und damit vermeintlich die Liebe zu verlieren, beim „Vertragsabschluss" Kompromisse eingehen, die nicht unserer Natur entsprechen. Unbewusst wollen wir dem Partner damit auch signalisieren: „Schau, was ich alles für dich tue, damit du bei mir bleibst", „Ich mache, was du willst, wenn du mich bloß lieb hast". Weil es jedoch die Angst ist und nicht die Liebe, die unser Verhalten steuert, fällt es uns mit der Zeit zunehmend schwer, diese Rolle zu spielen. Spätestens wenn die Angst vor Liebesentzug und Partnerverlust schwindet, weil wir uns seiner sicher fühlen, oder wenn die Seele nicht länger duldet, dass wir aus Angst uns selbst untreu sind, und uns zu einer Verhaltensänderung drängt, werden wir unser wahres Gesicht zeigen: Weniger Hingabe, Entgegenkommen und Verständnis sind die Folgen, während wir gleichzeitig vom Partner mehr erwarten und fordern. Der Konflikt beginnt.

* * *

Abgesehen von dieser Betrachtungsweise der Beziehung als Deal: Warum gehen heutzutage mehr Beziehungen als früher kaputt, vielfach sogar schon vor Ablauf der sprichwörtlichen sieben Jahre?
Verschiedene Problembereiche, die zum Zerbrechen einer Beziehung führen können, erläutere ich in anderen Antworten dieses Kapitels. Sie lassen sich aber immer wieder auf unser Vertragsdenken zurückführen: Wir geben und wollen dafür etwas bekommen. Das hat sich allerdings seit Jahrhunderten nicht geändert; warum scheiterten Beziehungen früher also weniger häufig daran?

Wenn heutzutage ausgesprochen viele Ehen geschieden werden und immer weniger lange halten, liegt es einerseits an den Gründen, die ich unter dem ersten Punkt der nächsten Antwort aufführe: Es ist, finanziell und gesellschaftlich, für beide Partner heute einfacher als früher, sich zu trennen und eine eigenständige Existenz weiterzuführen. → Seite 127

Es lässt sich aber auch eine abnehmende Bereitschaft feststellen, Konflikte auszutragen und durchzustehen, es wird leichtfertiger ein Schlussstrich gezogen. Ebenso haben die Menschen verlernt, gleichmütig auf etwas zu verzichten und sich selbst zugunsten des Partners etwas zurückzunehmen. Dazu trägt sicher auch der gesellschaftlich sanktionierte Egoismus bei: Wir nehmen uns ziemlich rücksichtslos, was wir haben möchten, und meinen, es stünde uns zu. Nur zwei Beispiele dazu: Wir verlieben uns in einen neuen Partner und verlassen den alten; wir wollen im Beruf Karriere machen, also vernachlässigen wir die Beziehung.

Ferner werden die eigenen Wünsche und Vorstellungen heutzutage unter den meistens missverstandenen Deckmänteln des Individualismus, der Selbstverwirklichung und der Selbstbestimmung überbewertet. Da wir weder auf unsere Eigenständigkeit noch auf eine Beziehung verzichten wollen, bleibt uns nichts anderes übrig, als innerhalb der Partnerschaft um die Erfüllung unserer individuellen egoischen und egoistischen Wünsche zu kämpfen und zu versuchen, den Partner an die eigenen Ziele anzupassen, ihn so zu verändern, dass er sich in unsere Vorstellungen einfügt und ihnen nicht länger entgegensteht. Gelingt uns das nicht binnen einer für uns annehmbaren Frist – und diese ist wegen der Erschöpfung und Zermürbung durch den Kampf relativ kurz bemessen –, sind wir schnell bereit, den Geliebten zum Ex zu machen und einen neuen zu suchen, mit dem wir unsere Strategie von vorne beginnen in der Hoffnung, sie möge mehr Erfolg haben.

Es ist bestimmt nicht richtig, eine leidvolle, zerrüttete Beziehung um jeden Preis weiterzuführen, besonders dann nicht, wenn wir uns dabei selbst verleugnen oder erniedrigen. Es ist aber auch nicht richtig, den (scheinbar) leichteren Weg zu wählen und uns wegen Konflikten, die wir lösen könnten, vorschnell zu trennen.

* * *

Wenn die Beziehung als Deal im anerkannten Standard des Gebens und Nehmens nicht funktioniert: Was müssen wir tun, um eine gute Paarbeziehung zu führen?
Hätte ich ein Universalrezept, wäre das längst publik und es gäbe keine Brüche und Scheidungen mehr! Ich will an dieser Stelle deshalb nur die zwei extremen Ansätze aufzei-

gen, die ich für erfolgversprechend halte; dazwischen liegen unzählige denkbare Kombinationen und jeder Leser kann für sich selbst spüren, was ihn eher anzieht.
• *Zwei entgegengesetzte Pole ergänzen sich.* Fragen wir uns, warum die Scheidungsrate früher viel niedriger war, so ist ein Hauptgrund dafür die Abhängigkeit der Frau vom Mann. Finanziell, weil sie sich mangels Berufsausbildung ihren Lebensunterhalt nicht selbst verdienen konnte, und sozial, weil eine geschiedene Frau geächtet war. Deshalb überlegte sie es sich zweimal, bevor sie sich aus einer noch so belastenden Ehe verabschiedete. Darüber hinaus akzeptierte die Frau, dass der Mann das Sagen hat und sie sich unterordnen muss. Im Schweizer Zivilgesetzbuch stand bis in die 1980-er Jahre: „Der Mann ist das Oberhaupt der Familie. Er bestimmt den Wohnort..." Ob die Frauen früher unglücklicher waren als heute, darf zumindest bezweifelt werden.

Die Gleichberechtigung der Geschlechter war indes ein in jeder Hinsicht unerlässlicher Schritt. Die Anerkennung der Gleichwertigkeit sollte in einer Paarbeziehung selbstverständlich sein, für den Mann und für die Frau. Das schließt jedoch nicht aus, dass es Unterschiede gibt, körperliche, emotionale, mentale; diese Tatsache ist zwar wohlbekannt, doch vielfach wird sie nicht berücksichtigt. In der Partnerschaft, wie in der Gesellschaft allgemein, wird eine Angleichung der Geschlechter angestrebt, beide sollen alles sein und alles können: Der Mann muss lernen über seine Gefühle zu reden, die Frau sich weniger emotional und irrational zu verhalten, um nur je ein Klischeebeispiel zu nennen.

Bestimmt ist es im Hinblick auf die spirituelle Entwicklung hin zum Einen, das ja alle Gegensätze umschließt, ein richtiges und wichtiges Ziel, allerdings auf einer höheren Ebene und nicht bei all den egoisch geprägten Aspekten. Mann und Frau sind nun einmal verschiedene Wesen – warum nehmen sie sich nicht gegenseitig als solche an und erfreuen sich an der Andersartigkeit und Ergänzung zur eigenen Natur?

Eine Beziehung zweier gegensätzlicher Pole kann harmonisch und glücklich sein, wenn die beiden Pole, ich bezeichne sie als *aktiv/passiv* oder *dominant/annehmend* oder *im*

Vordergrund wirkend/aus dem Hintergrund lenkend, ihre eigenen Qualitäten sowie diejenigen des Gegenpols akzeptieren und sich dadurch als Paar vervollständigen. Dabei steht nirgendwo geschrieben, die Frau müsse die passive und der Mann die aktive Rolle übernehmen, der Mann die dominante und die Frau die annehmende, der Mann im Vordergrund wirken und die Frau aus dem Hintergrund lenken – es kann ebenso gänzlich umgekehrt sein oder je nach Situation einmal so und einmal anders.

Allerdings ist die Frau von Natur aus duldsamer, sanftmütiger, hingebungsvoller – obschon diese Eigenschaften im Zuge der Emanzipation der letzten Jahrzehnte mehr und mehr an Bedeutung und Wertschätzung verloren haben –, weshalb sie die besseren Anlagen hat als der Mann, zu einer harmonischen und dauerhaften Beziehung beizutragen. Auch ihre *weibliche Klugheit* ist dabei hilfreich. Es geht nicht darum, sich zu unterwerfen und die männliche Machtausübung zu erleiden, ebenso wenig um die unsinnige Forderung „Frauen zurück an den Herd", sondern darum, die wahren Werte, das, was in einer Partnerschaft tatsächlich wichtig ist, über die oft missverstandene und egoische Selbstverwirklichung zu stellen. Ich betone nochmals: Die Frau soll in einer solchen Beziehung nicht leiden, sich nicht unglücklich fühlen, vielmehr handelt sie aus der weiblichen Weisheit – der Weisheit der inneren Göttin – zum eigenen Wohl und dem des Partners, für das eigene Glück, das sie in einer harmonischen Beziehung sucht und findet. Darin darf die Frau ihre Stärke sehen und daraus ihre eigene Wertschätzung und Zufriedenheit beziehen. Und wie gesagt, kann auch ein Mann diese annehmende, sanfte, hingebungsvolle Position für sich beanspruchen.

- *Zwei Individuen leben ihr eigenes Leben.* Was ich an verschiedenen Stellen der Sonnwandeln-Buchreihe immer wieder als wertvolle Qualitäten darstelle, nämlich die Eigenständigkeit, Unabhängigkeit und Geborgenheit in sich selbst, lässt sich auch in eine Beziehung einbringen. Wenn beide Partner sich hierin ebenbürtig sind und in dieser Hinsicht die gleichen Ansprüche an sich selbst und an die Beziehung stellen, kann diese gut funktionieren.

Die Grundbedingung: Beide Partner sind sich dessen bewusst und gewillt, ihr eigenes Leben zu leben, als Einzelwesen, sie fühlen sich in keiner Weise vom anderen abhängig. Überspitzt formuliert: Beide führen auch als „Hälfte" ein eigenständiges Dasein, sie brauchen keine „bessere Hälfte", und nehmen sich dabei als „Ganzes" wahr. Die Partnerschaft ist nicht ihr Sinn des Lebens, sie stellt keine Notwendigkeit und ununterbrochene Gemeinschaft dar, sondern eine Bereicherung, die sie dankbar annehmen. Dazu bedarf es eines unerschütterlichen Selbstwertgefühls und soliden Urvertrauens.

Durch diese Position der Stärke beiderseits werden aufkommende Konflikte ausgefochten, ohne dass sich der eine dabei als Gewinner und der andere als Verlierer fühlt, egal wie die Lösung ausfällt. Weil dadurch keine Verletzungen entstehen, die dann nachgetragen werden und deren Anhäufung über die Jahre die Beziehung schwer belastet, ja zerstört, verläuft die Partnerschaft harmonischer und hat gute Chancen, lange zu währen.

Eine weitere Voraussetzung für diese Form der Beziehung ist – wie natürlich ebenfalls beim anderen Extrem – die Bereitschaft, den Partner so anzunehmen und zu lieben, wie er ist, ohne ihn nach den eigenen Vorstellungen ändern zu wollen und ohne Erwartungen an ihn zu haben. Es wird auch keine Angleichung der Werte und der Interessen angestrebt.

Was sich jetzt in der Theorie vielleicht etwas trocken und sogar lieblos anhört, ist es in Wirklichkeit überhaupt nicht. Starke Gefühle, reine, aufrichtige, selbstlose Liebe tragen die Beziehung ebenso wie die Unabhängigkeit, Individualität und gegenseitige Toleranz der beiden Partner.

Abschließend will ich festhalten, dass aus spiritueller Perspektive die vollständige Kombination dieser beiden extremen Ansätze erforderlich ist, und zwar sowohl für die Frau als auch für den Mann – das Göttliche ist Alles und Eins.

*   *   *

> → Diese Aussage steht in „Einführende Gedanken", Seite 113

Dem Partner zu sagen, dass wir ihn lieben, ist doch etwas Schönes, Positives. Warum sollen damit die Beziehungsprobleme anfangen, was ist denn so schlecht daran?

Nichts ist schlecht daran – an sich. Es ist die Geisteshaltung dahinter, welche die entscheidende Rolle spielt, und sie ist uns als solche nicht bewusst: Wir teilen dem Geliebten unsere Liebe nämlich mit, weil wir begehren wiedergeliebt zu werden. Wenn wir sagen „Ich liebe dich", möchten wir als Antwort hören „Ich liebe dich auch." Und wer jetzt denkt, es sei bei ihm nicht so, er sage es, um dem Geliebten eine Freude zu bereiten, soll sich ehrlich fragen, wie er sich jeweils fühlt, reagiert der Geliebte nicht darauf.

Aber was ist denn schlecht daran, geliebt werden zu wollen? Einiges – denn hier beginnt der Deal. Wir schenken sogenannte Liebe proportional zur Liebe, die wir vermeintlich bekommen. Wie sonst ließe sich erklären, dass Liebe erlischt, wir die Liebe überhaupt gewichten („Ich liebe ihn nicht mehr so wie früher"; „Ich liebe X mehr als Y")? Wie könnte Liebe, dieses wahre, reine Gefühl, sich verändern, gar gänzlich verschwinden? Und nach welchen Kriterien lässt sich die Liebe, die wir bekommen, bewerten?

Sind wir uns dieser Problematik bewusst oder bereits so sehr in uns selbst geborgen, dass wir nicht mehr von der Liebe anderer abhängig sind, ist nichts mehr falsch daran, dem Geliebten unsere Liebe zu erklären, im Gegenteil: Es wird ihn glücklich machen, es zu hören, wir tun ihm damit etwas Gutes. Natürlich könnte man jetzt argumentieren, wir würden damit nur seinem Ego schmeicheln, denn auch er sollte ja nicht auf Liebe angewiesen sein. Doch bekennen wir unsere Liebe ohne Erwartungen, nur der Liebe wegen, dann verhalten wir selbst uns richtig. Wie er mit unserer Aussage umgeht, ob er damit sein Ego stärkt oder sein Herz erwärmt, liegt allein an ihm, es ist nicht unsere Angelegenheit.

* * *

Viele Menschen wünschen sich, mit dem Partner zusammen zu bleiben bis zum Tod. Was können sie dafür tun, damit die Beziehung so lange hält?

Bis dass der Tod euch scheidet, wie es so schön heißt. Wir wünschen es uns normalerweise beim Eingehen einer Beziehung, was absolut menschlich und verständlich und im normalen Leben überaus positiv ist. Was wir tun können, damit die Beziehung hält, habe ich in diesem Kapitel schon an verschiedenen Stellen erörtert, auch unter Einbezug weltlicher Aspekte. Aus spiritueller Sicht stellt sich allerdings die Frage, ob diese lebenslange Beziehung in jedem Fall dem göttlichen Plan entspricht. Wandern wir nämlich auf einem spirituellen Weg und ist unser Ziel und Lebenssinn das Göttliche, die Erleuchtung, die Gottesverwirklichung oder wie wir es nennen wollen, so könnten für unsere innere Entwicklung bestimmte Erkenntnisse erforderlich werden, die wir mit diesem Partner nicht erlangen können, für die er möglicherweise sogar hinderlich ist. Eine der Erfahrungen, die uns weiterbringen, ist vielleicht der Schmerz der Trennung oder der Kampf einer Scheidung und Ähnliches. Oder wir brauchen einen anderen Menschen an unserer Seite, um Neues zu erkennen und zu lernen und an gewissen Herausforderungen zu wachsen.

Unser Gebet sollte deshalb nicht lauten: „Lieber Gott, lass mich bis zum Tod mit diesem Partner zusammen sein", sondern: „Lieber Gott, führe mich den Weg, der mich dir näher bringt, mit den Menschen an meiner Seite, die meine Entwicklung fördern, oder allein, falls dies dein Wille ist."

Auch wenn wir in einer guten Beziehung leben, den Partner über alles lieben und ihn nicht verlieren wollen, müssen wir darauf vertrauen, dass uns nichts geschehen wird, was nicht gut für uns ist. Sollte die Beziehung eines Tages auseinandergehen, wartet Bereicherndes, Schöneres und Erkenntnisbringendes auf uns.

* * *

Die Erfahrung zeigt uns oft, dass auch wenn wir mit dem Partner klare Vereinbarungen treffen, es nicht funktioniert, weil er sich nicht daran hält, wir selbst uns mitunter auch nicht. Warum ist das so?
Weil in jeder zwischenmenschlichen Beziehung zwei Egos aufeinanderprallen.

→ Vergleiche Seite 124

Wir haben das Grundbedürfnis, geliebt zu werden, den Wunsch, das Leben mit jemandem zu teilen, der uns liebt und immer für uns da ist und dem wir unsere Zuwendung und Fürsorge angedeihen lassen können. Allerdings bedeutet das Eingehen einer Paarbeziehung, andere Wünsche (Eigenständigkeit, jederzeit machen können, was wir wollen, berufliche Ambitionen, Freizeitgestaltung, ...) wenigstens teilweise zurückzustellen und uns auf Kompromisse einzulassen. Das wissen wir sehr wohl, und am Anfang der Beziehung, solange ein Rest reiner, wahrer Liebe vorhanden ist oder die Leidenschaft noch blind macht, ist das kein Problem. Doch nach einer gewissen Zeit übernimmt unser egoisches Wollen wieder die Vorherrschaft, insbesondere der emotionale Teil, das vitale Ego, wir sind nicht mehr bereit, auf bestimmte Wünsche zu verzichten, und halten uns deshalb nicht mehr an ursprüngliche Abmachungen.

Für das Ego besitzen dabei auch „anerkannte Standards" keine Rechtskraft! Die Beurteilung innerhalb des Freundeskreises oder gar gesellschaftliche Normen sind bei einer Beziehung zwischen Egos nicht von Belang. Und auch nicht, ob es sich beim Streitpunkt um existentielle Bedürfnisse oder um belanglosere handelt.

Ein Beispiel: „Wenn beide Partner in Vollzeit berufstätig sind, ist es richtig, dass sie sich die Hausarbeit und die Kinderbetreuung teilen." Jeder logisch denkende Mensch wird zugeben, diese Forderung sei objektiv gerecht. Doch eine entsprechende Abmachung ist absolut wertlos, wenn das eine Ego den Wunsch nach täglicher mehrstündiger sportlicher Betätigung hat. Es prallen zwei gegensätzliche „Ich will" – nämlich „Ich will, dass du mir im Haushalt hilfst" und „Ich will ausgiebig Sport treiben" – aufeinander. Vielleicht finden sie auf dem Verhandlungsweg zu einem Kompromiss; ob ihn jedoch beide wirklich als befriedigend betrachten und sich über längere Zeit daran halten, ist fraglich.

WEISHEITEN

Denn Liebe ist stark wie der Tod und Eifersucht hart wie das Totenreich; ihre Glut ist Feuerglut, eine Flamme des Herrn. Viele Wasser vermögen die Liebe nicht auszulöschen und Ströme ertränken sie nicht. Wenn ein Mensch allen Reichtum seines Hauses um die Liebe gäbe, so würde man ihn nur verachten.
Hohelied 8.6 f., zitiert aus der Schlachter-Bibel

Es ist nicht wichtig, viel zu denken, sondern viel zu lieben: Tut also, was euch am besten zum Lieben bewegt.
Teresa von Avila

In der Liebe, die ein Mensch schenkt, gibt es keine zwei, sondern nur eins und Einung. Und in der Liebe bin ich mehr Gott als ich in mir selbst bin.
Meister Eckhardt

Welcher Art die zwischenmenschliche Beziehung auch ist, es müssen Eifersucht, Zwietracht, Hass, Abneigung, Verbitterung und andere schlechte Empfindungen losgelassen werden, denn sie können kein Teil des spirituellen Lebens sein. So muss auch jede Art von egoischer Liebe und Anhaftung verschwinden – diese Liebe, die nur um des Ego willen liebt und sobald es verletzt und unzufrieden ist, aufhört zu lieben oder sogar nachtragend wird und voller Hass.
Sri Aurobindo

In der Eifersucht liegt mehr Egoismus als Liebe.
François de La Rochefoucauld

Alle, die in der Welt unglücklich sind, sind es, weil sie nach ihrem Glück streben. Alle, die glücklich sind in der Welt, sind es, weil sie nach Glück für andere streben.
Shantideva

Wenn tief in deiner Brust die Liebe wohnt, so ist es gleich, ob du zu Allah betest oder zum Gott der Ketzer: Wurde dein Name ins goldene Buch der Liebe eingetragen, ist es dir nicht wichtig, ob du einst belohnt oder bestraft wirst in der Ewigkeit.
Omar Khayyam

Die tragenden Gedanken

✧ Der Mensch ist zu reiner, wahrer Liebe fähig, zu dieser selbstlosen, edlen Liebe. Doch er muss sich intensiv darum bemühen und an sich arbeiten, denn in gewöhnlichen zwischenmenschlichen Beziehungen herrscht das Ego vor.

✧ Es geht bei der reinen, wahren Liebe nicht darum, uns einem anderen Ego zu unterwerfen, uns aufzuopfern, sondern darum, die Liebe nicht an Forderungen und Erwartungen zu knüpfen und zu lieben um der Liebe willen.

✧ Das grundlegende Problem bei Liebesbeziehungen sind unsere Wünsche und Vorstellungen, was die Beziehung uns geben muss, einerseits, und andererseits der Drang nach missverstandener Selbstverwirklichung und Selbstbestimmung.

✧ Wir machen aus der Liebesbeziehung einen Deal, dessen erster Punkt heißt: Ich gebe, aber ich will auch bekommen. Daneben gibt es viele andere Forderungen und Erwartungen, ausgesprochene oder stille, die zu Konflikten führen.

✧ Eifersucht, Neid, Konkurrenzdenken, Machtkampf und mehr dergleichen haben in einer echten Liebesbeziehung keinen Platz.

✧ Ganz allgemein gilt für Liebesbeziehungen: Ich kann (und soll) nur mich selbst ändern, niemals den Partner.

INNENSCHAU

✧ Nehme ich meine problematischen Liebesbeziehungen einfach als gegeben und unabänderlich hin oder glaube ich daran, die Situation könne verbessert werden?

✧ Herrscht in meinen Liebesbeziehungen die Verlustangst?

✧ Versuche ich in meinen Liebesbeziehungen, Vereinbarungen auszuhandeln, oder gehe ich faule Kompromisse ein?

✧ Nehme ich meine Forderungen und Erwartungen an den Partner zu wichtig und lasse mich dadurch zu Konflikten hinreißen?

✧ Fällt es mir schwer, mich in die Bedürfnisse des Partners einzufühlen?

✧ Befürchte ich, dass wenn ich zu sanft und nachgiebig bin, meine Lieben es ausnutzen könnten?

Aufgabe zur Selbstveränderung

> **Entwicklungsziel**
>
> Ich lasse Erwartungen und Forderungen an die geliebten Menschen fallen; ich messe meinen Vorstellungen und Wünschen hinsichtlich dieser Beziehungen nicht mehr so viel Bedeutung bei.
> Dennoch unterwerfe ich mich nicht einem anderen Ego und bleibe mir selbst treu, ohne dass sich die Liebe zum jeweiligen Menschen vermindert.

→ Bitte beachte „Tipps zum Umgang mit der Sonnwandeln-Reihe" auf Seite 17

Aufgabe: Analyse der Beziehungen/Bedingungslose Liebe
Auf der folgenden Doppelseite findest du eine Tabelle, in welche du die Merkmale deiner Beziehungen eintragen kannst. Beschränke dich auf maximal zwei Menschen, die du liebst, beispielsweise Lebenspartner und Bruder; es darf aber auch nur eine einzige Person sein. Du wirst dein Verhalten nämlich äußerst achtsam beobachten müssen und das ist kaum mehr möglich, willst du es mit zu vielen Personen gleichzeitig tun.

- Im Umgang mit dem/den Menschen, den/die ich in der Tabelle aufgeführt habe, achte ich auf:
– *Erwartungen*, die ich an die jeweilige Person habe. Es sind dies unausgesprochene Wünsche meinerseits an ihr Aussehen, ihre Ansichten, ihr Verhalten (vor allem mir gegenüber) und mehr. Diese Erwartungen verraten sich durch Gedanken wie „Ich möchte, sie würde …", „Ich wünsche mir, sie wäre …" und ähnliche. Aber auch meine Missbilligung ihres Aussehens, ihrer Ansichten, ihres Verhaltens zeugen von Erwartungen meinerseits an diese Person.
– *Forderungen*, die ich an die jeweilige Person stelle. Es sind dies die ausgesprochenen Wünsche und Forderungen meinerseits wie im obigen Punkt aufgeführt.
- Ich beobachte mich sorgfältig und nehme wahr, ob und wie sich meine Gefühle und Empfindungen für die entsprechende Person verändern, wenn ihr Verhalten, ihr Aussehen, ihre Ansichten und mehr nicht meinen Erwartungen oder Forderungen entsprechen: Ärger? Enttäuschung? Verletzung? Wut? Nimmt die Liebe ab? Spüre ich sie in solchen

Momenten überhaupt noch? Bestrafe ich die Person jeweils durch Nichtbeachtung, böse Blicke, Drohung, Demütigung und Ähnliches? Ziehe ich Konsequenzen für mein künftiges Verhalten oder für die Beziehung allgemein in Betracht?

• Was meine aufgelisteten Erwartungen und Wünsche betrifft: Ich schaue diese einmal ganz genau an. Welche sind wirklich wichtig? Welche könnte ich aufgeben? Welche sind bloße Oberflächlichkeiten oder gesellschaftliche Standards? Welche beruhen auf eigenen Verletzungen, früheren Erfahrungen und Prägungen, Verbitterung? Welche sind nichts als egoische Begehren (selbst edle) und nähren meine persönlichen Vorstellungen der Beziehung?

• Ich überdenke meine Position in der Beziehung: Ist es das, was ich will? Falls nicht, warum nicht und wie wichtig ist mir eine Änderung tatsächlich? Beruht die Unzufriedenheit vielleicht nur auf idealisierten Vorstellungen?

• Unabhängig davon, für wie objektiv berechtigt ich meine Erwartungen und Forderungen an die Person und die Beziehung halte: Ich versuche einen Monat lang, meine diesbezüglichen Wünsche fallen zu lassen, sie als nicht so wichtig zu betrachten und das „Fehlverhalten" der jeweiligen Person einfach zu übersehen, mit echtem Gleichmut, ohne Ärger, Enttäuschung, ... Fällt es mir schwer, sage ich mir: „Es ist nur für diesen einen Monat, danach kann ich es wieder ändern, wenn es sich nicht bewährt hat."

Ich achte ganz besonders darauf, ein Gefühl der Liebe zu empfinden, egal wie die betreffende Person sich verhält, also meine Liebe vom Verhalten abzukoppeln – das eine hat nichts mit dem anderen zu tun.

Erwartungen/Forderungen an die Person	Erwartungen an die Beziehung	Meine Position in der Beziehung
Person: Ehemann - Mehr Pünktlichkeit - Wieder aufmerksamer sein, wichtige Daten nicht vergessen - Die Kinder nicht ungerecht behandeln	- Mehr Harmonie - Mehr gemeinsam unternehmen - Liebevoller Umgang in der ganzen Familie, wie früher, weniger geprägt von Stress und Alltagssorgen	- Ich bin immer für alle da, bin der ruhende Pol - Ich spüre das Vertrauen meines Mannes - Ich vermisse seine Anerkennung für meine Leistung
Person:	**Person:**	**Person:** ....

Beispiel

Person: ......

Person: ......

Person: ......

Affirmationen

→ Bitte beachte die detaillierte Anleitung auf Seite 216

Ich liebe bedingungslos und uneigennützig.

Ich öffne mein Herz der reinen Liebe.

Ich bin offen für die Liebe meiner Mitmenschen.

Ich nehme meine Lieben an, wie sie sind.

Ich verzeihe meinen Lieben ihre Unzulänglichkeiten.

Ich sehe in jedem Menschen das Beste und Höchste.

Das Wohl meiner Lieben übergebe ich dem Göttlichen.

Ich bin in mir selbst geborgen und unabhängig von fremder Liebe.

Meine Zufriedenheit wohnt in mir, sie ist immer da.

Ich fühle mich vom Göttlichen geliebt.

Ich widerstehe dem Ego meiner Mitmenschen.

Ich trage Konflikte aufrichtig und liebevoll aus.

Ich lasse meine Anhaftung an geliebte Menschen los.

Ich lasse alle unerwünschten Beziehungen fallen.

Imagination

- Ich befinde mich an einem vertrauten Ort; hier fühle ich mich sicher und geborgen, ich spüre die Ruhe um mich und in mir.

→ Bitte beachte die detaillierte Anleitung auf Seiten 217ff.

- Ich lasse mich in mich selbst fallen, richte meine Aufmerksamkeit nach innen, in den Bereich hinter dem Herzen in der Mitte der Brust. Hier befindet sich ein weißer, strahlender Lichtpunkt, es ist die Liebe, ich fühle die wohltuende Energie.
- Langsam weitet sich der Lichtpunkt, er wird größer und größer, bis er mich ganz erfüllt, mein ganzer Körper ist ausgefüllt mit dem weißen, strahlenden Licht der Liebe. Es ist meine Liebe zu mir, die göttliche Liebe zu mir, ich fühle die wohltuende Energie.
- Das strahlende Licht der Liebe breitet sich weiter aus und bildet eine Aura um meinen Körper, ich fühle mich in dieser Liebe geborgen und beschützt.
- Das strahlende Licht der Liebe breitet sich weiter aus auf einen Menschen, den ich liebe, hüllt ihn vollständig ein und durchdringt ihn.
- Das strahlende Licht der Liebe breitet sich weiter aus auf einen *weiteren* Menschen, den ich liebe, hüllt ihn auch ganz ein und durchdringt ihn (der erste geliebte Mensch aus dem vorangehenden Punkt verschwindet nicht, sondern bleibt im strahlenden Licht der Liebe, der zweite kommt dazu).
- Das strahlende Licht der Liebe breitet sich weiter aus und hüllt nach und nach, einen nach dem anderen, alle Menschen ein, die ich liebe.
- Und ich bin immer noch im Zentrum dieses unendlichen strahlenden Lichts der Liebe, das sich über alle ausbreitet und sie durchdringt. Ich fühle mich liebend und geliebt und eins mit diesen geliebten Menschen.
- Beginnt die Erfahrung zu verblassen, so fühle ich mich wohl und geborgen, genieße den Frieden und die Ruhe in mir. Dann atme ich tief in den Bauch, öffne die Augen, verharre noch eine Weile regungslos, schaue um mich, spüre meinen Körper und bewege mich langsam.

Empfohlene Bach-Blüten

→ Bitte beachte die detaillierte Anleitung auf Seiten 220ff.

Haupt-Blüten

Seelenzustand	Nr.
Ich knüpfe meine Liebe an Bedingungen und/oder erwarte von meinen Lieben viel Zuwendung.	8
Ich nehme viel in Kauf, um konfliktfreie und harmonische Beziehungen zu haben.	1
Ich bin eifersüchtig und/oder misstrauisch und/oder fühle mich häufig gekränkt.	15
In meinen Beziehungen will ich dominieren und setze mich über meine Lieben hinweg.	32

Gewählte Blüten:

☐ ☐ ☐ ☐

Zusatz-Blüten

Seelenzustand	Nr.
Ich habe wenig Verständnis für die Schwächen meiner Lieben.	3
Ich unterwerfe mich den Wünschen meiner Lieben, lasse mich oft fremdbestimmen.	4
Ich bin selbstbezogen, nehme mich selbst und meine Wünsche sehr wichtig.	14
Ich mache mir ständig Sorgen um meine Lieben.	25

Gewählte Blüten:

☐ ☐ ☐ ☐

Empfohlener Heilstein: Rubin

→ Bitte beachte die detaillierte Anleitung auf Seite 223

Wirkung

Der Rubin ist der Stein der reinen Liebe, des echten Verständnisses und der Treue. Er verhilft zu mehr Sensibilität für den Partner und bewirkt umgekehrt auf magische Weise, dass der Partner uns gegenüber ehrlich ist.
Gleichzeitig stärkt er das Selbstwertgefühl und die Initiative, das eigene Leben zu leben; dadurch verhindert er Abhängigkeit in der Beziehung.

Anwendung

Mit direktem Hautkontakt tragen oder auf das Herzchakra (Mitte der Brust auf der Höhe des Herzens) auflegen.

→ Chakra: siehe Glossar Seite 225

Reinigen und Aufladen

Vierzehntäglich unter fließendem lauwarmem Wasser reinigen. Für wenige Stunden an der Sonne oder in einer Bergkristallgruppe aufladen.

Rückschau und Vorschau

Nachdem du eine Weile – in der Regel mehrere Wochen – in deinem Alltag zum Thema dieses Kapitels an dir gearbeitet hast, blickst du kurz zurück und schaust, wo du stehst. Kreuze bei den untenstehenden Aussagen an, was auf dich zutrifft. Sei ehrlich zu dir selbst, ohne falsche Bescheidenheit und ohne Selbstvorwürfe oder Entmutigung – es ist nur eine Bestandesaufnahme, ohne Wertung, um zu erkennen, in welchem Bereich du dich noch bemühen kannst... damit du wirst, was du bereits bist.

Lernziele dieses Kapitels Erreicht:	Ja	Nein
Ich habe an geliebte Menschen nicht mehr so viele Forderungen und Erwartungen oder bin mir dessen wenigstens bewusst, falls ich sie habe. Oder: Erwartungen habe ich in meinen Beziehungen zwar noch, aber ich spreche sie jetzt aus und bin nicht mehr enttäuscht, wenn sie nicht erfüllt werden.	☐	☐
Mein Idealbild, wie eine Paarbeziehung sein muss, habe ich weitgehend losgelassen. Oder: Meine Position in der Paarbeziehung sehe ich jetzt klarer und kann entsprechend damit umgehen.	☐	☐
Es gelingt mir besser zu geben, ohne etwas dafür bekommen zu wollen.	☐	☐
Meine banaleren Bedürfnisse und Wünsche nehme ich nicht mehr so wichtig.	☐	☐
Immer wenn Konflikte auftreten, schaue ich objektiv hin, ob ich nicht etwa wieder versuche, meinen Mitmenschen zu ändern.	☐	☐
Ich bemühe mich stärker, mich in geliebte Menschen einzufühlen.	☐	☐
Die bedingungslose Liebe verstehe ich nicht mehr als zu große Nachgiebigkeit oder sogar Unterwerfung; dabei bleibe ich aber mir selbst treu.	☐	☐
Bei meiner Paarbeziehung spielen meine Emotionen keine dominierende Rolle mehr.	☐	☐

Mein weiterer Entwicklungsschritt

Notiere jetzt eine Einsicht/Herausforderung/Aufgabe, an der du arbeiten willst – aber nur eine!
Dann prägst du sie dir gut ein, bittest das Göttliche, dich dabei zu führen und dein Bemühen zu fördern, und lässt sie los. Du kannst jetzt mit dem nächsten Kapitel und dessen Aufgaben weiterfahren.

Den Entwicklungsschritt, den du hier aufgeschrieben hast, darfst du von Zeit zu Zeit nachlesen, gewissermaßen zur Erinnerung, aber beschäftige dich gedanklich nicht mehr damit. Den Impuls hast du nämlich gesetzt – überlass es dem Göttlichen, ihn so umzusetzen, wie es für dich gut ist.

Die Trennung von einem geliebten Menschen ist wie ein Sonnenuntergang – das Licht verschwindet, es bricht Dunkelheit an. Aber am nächsten Morgen erscheint es wieder, strahlender als am Tag davor.

5. Scheiden tut weh! Trennung und Tod.

Themen dieses Kapitels
• Der Tod: immer ein unerwarteter Besucher • Jede Trennung ist ein Neuanfang • Der Schmerz, verlassen zu werden • Trennung oder Tod als Befreiung? • Wie sinnvoll ist Trauer? • Ein noch nicht überwundener Todesfall • Der Tod meines Kindes • Wann soll man eine Beziehung beenden? • Scheidung obwohl man sich noch liebt? • Die Angst vor der Trennung • Einen Schlussstrich ziehen

Entwicklungsziel
Ich lerne, den stetigen Wandel des Lebens anzunehmen und die Vergangenheit loszulassen. Habe ich einen geliebten Menschen durch Tod verloren, bewahre ich sein Andenken in Freude und Dankbarkeit, ohne Anhaftung. Ist meine Beziehung zu einem geliebten Menschen getrennt worden, beschließe ich sie innerlich ebenfalls, ohne Groll oder Hadern.

Einführende Gedanken

Scheiden tut so weh!
Die Erfahrung, verlassen zu werden, gehört zu den psychisch leidvollsten überhaupt. Der Schmerz der konkreten Situation wird durch im Unbewussten verborgene existentielle Ängste verstärkt. Erlebnisse aus den ersten Lebensmonaten und -jahren, wenn wir als Säugling schrien und niemand zu uns kam oder wenn wir als Kleinkind die Mutter in der Menschenmenge aus den Augen verloren, sind wie kleine Traumata im Unbewussten gespeichert. Jede Art des Verlassenwerdens muss wie eine Todesdrohung wirken, weil das menschliche Wesen ja nicht von Geburt an allein überleben kann und auf die Fürsorge anderer Menschen angewiesen ist.

Verlieren wir als Erwachsene dann einen geliebten Menschen, taucht der alte kindliche Schmerz wieder auf, selbst wenn wir ihn nicht als solchen wahrnehmen, und verstärkt das Leiden über den gegenwärtigen Verlust. Dabei ist es unerheblich, ob der geliebte Mensch durch Tod oder durch willentliche Trennung von uns geht.

→ Vertieft gehe ich auf diese Frage auf den Seiten 151/152 ein

Was macht, neben den erwähnten Existenzängsten, den Verlust eines geliebten Menschen denn so leidvoll?

Der Verlust und die Begleitumstände
Lassen wir den Konflikt, der zur Trennung führt, und die belastende Phase vor der eigentlichen Trennung einmal außer Acht, stammt der Schmerz einerseits von der Lücke, die der Weggang eines geliebten Menschen hinterlässt. Das ist im Grunde genommen etwas völlig Verständliches, Nachvollziehbares: Es fehlt die physische Präsenz, die bare Anwesenheit, an die wir uns gewöhnt haben, ein Mensch, mit dem wir reden, dem wir erfreuliche oder ärgerliche Erlebnisse erzählen, mit dem wir lachen, weinen, streiten, ein Freund, der unser Leben mit uns teilt, uns im Alltag unterstützt, uns seine Liebe schenkt und den wir lieben. Dazu gesellen sich beim Weggang des Partners möglicherweise materielle Schwierigkeiten: Der finanzielle Beitrag fehlt, wir müssen uns eine neue Wohnung suchen, eine (andere) Arbeit, uns um die Kinderbetreuung kümmern, ...

Ebenso gewichtig sind andererseits emotionale Aspekte, die mehr mit uns selbst als mit der eigentlichen Trennung zu tun haben. Wir fühlen uns verletzt, verraten, gedemütigt, empfinden, dass uns ein Unrecht angetan wird; wir sind jetzt allein und müssen allein unsere Freizeit gestalten, uns im Single-Dasein anders orientieren und im sozialen Umfeld neu positionieren.

Eine Trennung kratzt zudem, mehr oder weniger stark, am eigenen Selbstwertgefühl, besonders dann, wenn wir uns in der Zweiheit stark identifiziert haben. Ob der Partner uns verlässt oder wir die Beziehung beenden: Ein Gefühl des Scheiterns und Versagens lässt sich selten vermeiden.

Der Tod – immer ein unerwarteter Besucher
Tagtäglich kommen wir mit dem Tod in Berührung. Wir lesen in der Zeitung, sehen im Fernsehen Bilder von Toten durch Unfälle, Naturkatastrophen, Verbrechen, Kriege; auch in unserem näheren oder weiteren Umfeld, im Bekanntenkreis oder am Arbeitsplatz, stirbt von Zeit zu Zeit jemand oder erleidet eine lebensbedrohliche Krankheit. Obwohl der Tod also allgegenwärtig ist, leben wir nicht bewusst Seite an Seite mit ihm: Sobald er an unsere eigene Tür klopft, erschrecken wir gewaltig und wollen nichts mit ihm zu tun haben.

→ Vergleiche die Geschichte auf Seite 154

Der Tod betrifft immer nur die anderen, wir rechnen nicht mit diesem unerwünschten Gast. Raubt er uns einen nahestehenden Menschen, sind wir völlig unvorbereitet und müssen von Grund auf lernen, den Schmerz und den Verlust zu bewältigen. Wäre es denn sinnvoll, mit dem Tod zu leben, bevor der Ernstfall tatsächlich eintritt? Ist es überhaupt möglich, ihn in der Theorie vorwegzunehmen, den Umgang mit ihm zu lernen, solange er nicht wirklich präsent ist? Stellt er nicht immer eine Ausnahmesituation dar?

Vermutlich nützt uns eine gemachte Erfahrung, sei es in der Realität oder durch die gedankliche und emotionale Auseinandersetzung, für einen künftigen Todesfall nicht viel: Jeder ist anders und von Neuem unbekannt. Uns auf den konkreten Tod eines nahestehenden Menschen vorzubereiten, wird uns wahrscheinlich nicht gelingen.

Sinnvoller ist es – und das hilft uns bei jedem Verlust, ob durch den Tod oder eine Trennung –, die Eigenschaften und Werte in uns aufzubauen und zu stärken, die uns in jeder Lebenssituation tragen: Urvertrauen, Gleichmut, Selbstwertgefühl und die Hingabe an das Göttliche.

Ein neuer Lebensabschnitt beginnt

→ Zu Lebensphasen und Lebenskrisen siehe Kapitel 2 von Band I; Info Seite 229

Jede Trennung setzt einer Phase unseres Lebens ein Ende, unabhängig davon, ob wir mit dem Partner weiterhin eine freundschaftliche Beziehung pflegen können oder nicht. Und als beendet sollten wir sie tatsächlich betrachten! Es war eine schöne, schwierige, bereichernde, leidvolle, intensive Zeit, wie auch immer, und jetzt ist sie vorbei. Ohne Wehmut, ohne Verbitterung, ohne Zorn, ohne Traurigkeit lassen wir sie los; wir haben unsere Erfahrung darin gelebt, die Essenz daraus nehmen wir mit.

Jede Trennung ist der Beginn einer neuen Phase unseres Lebens: Gehen wir mutig und vertrauensvoll in sie hinein, im Bewusstsein, dass sie uns Bereicherung und Freude schenken wird und für unsere innere Entwicklung einen wichtigen Schritt bedeutet.

In diesem einführenden Text habe ich im Wesentlichen nur den Aspekt der Trennung in der Ehe/Partnerschaft angesprochen; auf den Verlust anderer nahestehender Menschen gehe ich in „Fragen & Antworten" ein.

→ Seiten 155ff.

Vertiefende Aspekte

Der Schmerz, verlassen zu werden
Immer wieder erfahren wir in unserem Leben, wie ein nahestehender Mensch uns verlässt: Im Kleinkindesalter ist es die Mutter oder eine andere Bezugsperson, die sich aus unserer erfassbaren Umgebung entfernt, wenn auch nur vorübergehend; später ein lieber Schulkamerad, der wegzieht, oder die beste Freundin, die sich von uns abwendet zu einer anderen besten Freundin hin; als Teenager erleben wir das Zerbrechen der ersten Liebe und als Erwachsene dann die Trennung einer langjährigen Beziehung.

Die Gründe für den Schmerz des Verlassenwerdens sind vielschichtig und individuell ausgeprägt; nachfolgend gehe ich den häufigsten auf den Grund.

- *Der ungewollte stete Wandel.* Unser Dasein ist geprägt von einem Kommen und Gehen geliebter Menschen, als stünden wir selbst wie ein Fixpunkt auf einem belebten Marktplatz, Leute sich eine Zeitlang zu uns gesellten und dann weiterzögen. Erleben wir solches tatsächlich auf dem Marktplatz, sind wir nicht traurig, frustriert, enttäuscht, verletzt oder verbittert über diesen ständigen Wechsel; im echten Leben hingegen fallen uns das Nichtanhaften und das Loslassen extrem schwer, wir akzeptieren den Fluss des Lebens mit seinem steten Wandel nicht, wollen festhalten, was bereits vorbei ist.
- *Das Alleinsein und die Veränderung.* Meistens mögen wir Veränderungen nicht: Es ist immer ein Schritt ins Unbekannte, bei dem wir nicht genau wissen, was uns erwartet, und sie fordern von uns äußere und innere Umstellungen und Entwicklungen. Das Ego wehrt sich deshalb dagegen und reagiert mit starken Emotionen wie Wut, Frustration, Niedergeschlagenheit und mehr. Besonders der Wechsel von der Zweisamkeit zum Alleinsein wirft uns, zumindest in der ersten Zeit, auf uns selbst zurück und das kann sich recht unangenehm anfühlen. Je weniger wir in uns zentriert und geborgen sind, umso wichtiger war der Bezugspunkt außerhalb von uns, der uns sozusagen von uns selbst ablenkte; nach der Trennung sind wir nur noch auf uns selbst ausgerichtet und es kann einiges aus dem Unbewuss-

ten auftauchen, was bisher „stillgelegt" war und sich jetzt aufdrängt. Diese Auseinandersetzung mit alten Themen kann Leiden verursachen. Es beruht zwar nicht direkt auf der eigentlichen Trennung, doch oft unterscheiden wir das nicht und führen alles auf die gegenwärtige Situation zurück, die wir dann als umso leidvoller empfinden.

• *Der Angriff auf das Selbstwertgefühl.* Jedes Mal, wenn ein Mensch uns willentlich verlässt, stellen wir uns Fragen wie: „Was habe ich falsch gemacht? Warum zieht er andere mir vor? Bin ich es nicht wert, dass er mit mir zusammen ist? Bin ich langweilig, hässlich, dumm, humorlos, ...? Was werden meine Familie, Freunde, Kollegen, ... denken?" und ähnliche. Verlässt uns jemand, beziehen wir es stets auf uns selbst, nehmen es *persönlich*. Das greift das Selbstwertgefühl an und tut weh. Doch jede Aussage, Entscheidung und Handlung eines Menschen hat ausschließlich mit ihm selbst zu tun, sie stammt aus seinem Unbewussten, seiner „Programmierung" und ist nicht auf andere gerichtet – wir sind nur das Objekt, mit oder an dem es sich abspielt.

→ Siehe auch Seiten 122/123 und vergleiche Kapitel 2 von Band II; Info Seite 230

* * *

Der Schmerz beim Tod eines geliebten Menschen
Nüchtern und kalt betrachtet, stammt der Schmerz, den uns der Tod eines anderen verursacht, allein aus dem Ego. Nebenbei bemerkt: Jedes Leiden liegt natürlich im Ego begründet, denn die Seele kennt nur Glückseligkeit. Aber beim Trauern um einen Toten ist dies besonders offensichtlich. Denn wir wissen doch, dass er lediglich seinen Körper abgelegt hat, wie ein altes Kleid, und seine unsterbliche Seele weiterlebt in einem Jenseits, wie auch immer dieses beschaffen ist, in dem es ihm auf jeden Fall besser geht als in dieser Welt. Warum sind wir also traurig? Weil wir den Menschen, der von uns gegangen ist, vermissen, wir als Zurückgebliebene mit den neuen Umständen fertig werden müssen, gleich wie bei einer gewollten Trennung. Und der Tod bringt natürlich eine Endgültigkeit mit sich, der wir sonst beim Weggang eines geliebten Menschen nicht ausgesetzt sind: Was wir versäumt haben – zu sagen, zu tun – können wir nicht mehr nachholen.

Abschließend will ich festhalten, dass ich selbst nicht davor gefeit bin, um geliebte Verstorbene zu trauern, und mit euch Lesern mitfühle, falls ihr einen Verlust erlitten habt. Gleichzeitig ermutige ich euch jedoch, euch vom Schmerz zu lösen, loszulassen, vielleicht auch dem Verstorbenen zuliebe, und eurem eigenen Lebensweg wieder mit Freude zu folgen.

→ Vergleiche Antwort auf Seite 156

Sinnbildlich

Der Todesengel
Eine persische Geschichte

Ein Mann bat den Todesengel Azrael, ihn rechtzeitig vorzuwarnen, bevor er ihn abholen würde. Dieser versprach es.
  Eines Tages erschien er aber unvermittelt und teilte dem Mann mit, am nächsten Tag sei es so weit.
  Der Mann war entsetzt: „Das kann nicht sein! Du hast mir doch zugesagt, mir beizeiten Bescheid zu geben!"
  Azrael antwortete: „Ich habe dir genügend Zeichen geschickt! Als dein Vater ins Jenseits ging, hast du es nicht verstanden; wie ich deinen Bruder, deinen Nachbarn und deinen Freund, einen nach dem anderen, holte, hast du nichts gelernt. Nun bist morgen eben du dran."
  Als der Mann am darauffolgenden Tag in Begleitung des Todesengels in die andere Welt hinübertrat, begegneten ihnen viele, viele verstorbene Menschen, und alle beklagten sich laut: „Azrael, warum hast du uns nicht früh genug gewarnt? Wir hätten noch so viel zu erledigen gehabt..."

Alle unsere Beziehungen sollten wir so leben, als wäre jeder einzelne Tag der letzte – dann befällt uns nach dem Tod oder der Trennung nicht das Gefühl, etwas versäumt zu haben.

FRAGEN & ANTWORTEN

Es kommt vor, dass wir beim Verlust des Lebenspartners wohl einen riesigen Schmerz spüren und dennoch auf eine eigenartige Weise auch so etwas wie Befreiung empfinden. Woher kommt das?

Dieses Phänomen habe ich selbst erlebt beim Tod meines Partners. Für solche Empfindungen schämen wir uns jeweils. Aber wir dürfen kein schlechtes Gewissen aufkommen lassen: Wie alles, was in der äußeren Welt auf uns zukommt, eine Bedeutung hat und uns lehren will, so auch die Regungen unserer inneren Welt. Versuchen wir zu verstehen, *was genau* den Schmerz verursacht, den wir fühlen – Einsamkeit, Ungewissheit über das jenseitige Schicksal des Verstorbenen, Bedauern, nun vieles nicht mehr zusammen erleben zu können, und mehr – und worin die Befreiung besteht: Welche Fesseln sind jetzt gelöst? Hat uns der Partner, willentlich oder unbewusst, daran gehindert, unserem eigenen Lebensgesetz zu folgen? War die Beziehung, trotz der Liebe, an einem Punkt angelangt, an dem wir sie hätten beenden sollen? Freut sich unsere Seele auf neue Schritte, neue Herausforderungen, die uns an seiner Seite verwehrt blieben? Natürlich könnte es auch das Ego sein, das sich befreit fühlt, etwa weil wir uns bereits in einen neuen Partner verliebt haben oder wieder das Single-Dasein genießen möchten.

Was auch immer unsere Empfindung bedeutet: Schämen brauchen wir uns keinesfalls dafür. Wir sind für unsere Gedanken und Gefühle zwar gleichermaßen verantwortlich wie für unsere Taten, aber auch sie verfolgen, wie gesagt, einzig den Zweck, uns auf unserem spirituellen Weg weiterzuführen. Was ich immer wieder schreibe: „Es gibt keine Fehler, es gibt nur Erfahrungen", bezieht sich nicht nur auf äußere Ereignisse, sondern auch auf unsere mentale und emotionale Ebene. Lernen wir aus dem Denken und Fühlen ebenso wie aus unserem Handeln! Und wie immer: ohne Selbstverurteilung, ohne Frustration, ohne Entmutigung. Schauen wir unsere Empfindungen an, versuchen wir zu erkennen, ob sie aus dem Ego oder aus der Seele stammen, ziehen wir unsere Schlüsse – und lassen wir sie dann los.

→ Vergleiche Kapitel 6 von Band I über die Innere Stimme; Info Seite 229

Dieses Gefühl der Befreiung interpretierte ich seinerzeit beim Verlust meines geliebten langjährigen Lebenspartners als ein aufmunterndes Signal der Seele. Sie wollte mir vermutlich sagen: „Ein Lebensabschnitt ist zu Ende gegangen, ein neuer beginnt, und die Zukunft wird dir Freude und Erfüllung schenken. Bewahre die Hoffnung und die Zuversicht, alles ist gut!" Und tatsächlich ging für mich damals alles nur zu meinem Besten weiter: Mein wahres spirituelles Leben begann.

* * *

Es wird gesagt, man dürfe um Verstorbene nicht zu stark und zu lange trauern, weil man dadurch ihre Seele von ihrem Weg im Jenseits abhalte. Stimmt das?
Kein noch Lebender weiß mit Sicherheit, was nach dem Tod des Körpers wirklich geschieht. Es gibt eine recht große Anzahl verschiedener Theorien. Einige davon besagen, die eben gegangene Seele trage noch Emotionen in sich, die sie an die lebenden Angehörigen binde, und weile beim Wahrnehmen von deren Schmerz deshalb weiterhin in räumlicher Nähe, anstatt ihren Weg ins Licht anzutreten; in diesen Kontext gehören auch sogenannte unerlöste Seelen, Geister und mehr.

→ Vitales, Mentales Ego: siehe Glossar Seite 227; dieses Konzept erläutere ich ausführlicher in Kapitel 1 von Band IV; Info Seite 231

Gehen wir von einer Aufteilung des Ego in die körperliche, die vitale und die mentale Ebene aus, so ist es auch denkbar, dass nicht alle drei Elemente gleichzeitig sterben. Nach dem Tod des Körpers könnten das vitale und das mentale Ego noch eine Weile weiterexistieren und sich, wie zu Lebzeiten des betreffenden Menschen, von den emotionalen und/oder mentalen Inhalten der Angehörigen angezogen fühlen, ja von ihnen „nähren", und sich deshalb in deren Umgebung aufhalten. Die reine Seele, die weder Anhaftung noch Schmerz kennt, ist in diesem Fall jedoch nicht davon betroffen und bereits dort, wo sie hin soll.

Es lässt sich nicht sagen, ob die Anwesenheit des Verstorbenen, die Angehörige manchmal spüren oder in Träumen sehen, vom Vitalen oder von der Seele stammt – oder gar aus der eigenen Seele oder dem eigenen Unbewussten.

* * *

Kinder, die durch Tod einen Elternteil verlieren, an dem sie hingen, empfinden dies manchmal als Lücke, die sich nicht füllen lässt. Zuweilen versuchen sie später, diese fehlende väterliche/mütterliche Liebe bei einem Partner zu finden, was ihnen jedoch kaum gelingt und die Beziehung belastet und gefährdet. Wie können sie diesen Verlustschmerz überwinden?

Zum allgemeinen Thema des Loslassens finden sich im vorliegenden Kapitel viele Hinweise und Anregungen. Zu dieser besonderen Situation will ich noch einige Gedanken anfügen, bei denen jeder Leser selber spüren soll, ob sie für ihn zutreffen und ihn ansprechen.

→ Vergleiche auch Kapitel 4 von Band IV; Info Seite 231

Es kommt vor, dass ein Elternteil die Haupterziehungaufgabe übernimmt, das Kind maßregelt und bestraft, ihm dieses und jenes verbietet, während der andere Elternteil immer der „liebe" ist. Dies trifft besonders häufig bei Scheidungskindern zu, die den Elternteil, bei dem sie nicht ständig wohnen, nur in den guten Momenten erleben, sie sehen ihn nicht, wenn er gestresst, wütend, deprimiert ist. An den Wochenenden und Ferientagen, die sie mit ihm verbringen, widmet er sich ihnen ganz; womöglich steht er auch in Konkurrenz zum anderen Elternteil um die Zuneigung des Kindes, sodass er sich nur von seiner besten Seite zeigt, dem Kind manchen Wunsch erfüllt und vieles durchgehen lässt. Dadurch ist beim Kind ein idealisiertes Bild dieses Elternteils entstanden, das sich nach dessen Tod eher noch verstärkt. Das will nicht heißen, dieser Mensch sei nicht tatsächlich „gut" gewesen; doch Tatsache ist, dass das Kind nur mit einer Seite von ihm konfrontiert war und diese nach seinem Verlust über die Maßen vermisst. Hätte es den „ganzen" Menschen gekannt, könnte es die Lücke, die sein früher Tod hinterlassen hat, objektiver betrachten und käme wohl leichter darüber hinweg. Es ist eine häufige Erfahrung, dass wir geliebte Menschen, die von uns gegangen sind, allzu rosig gefärbt in Erinnerung behalten, zumindest in der ersten Zeit, was von der Gesellschaft auch gefördert wird durch Aussagen wie: „Man soll nichts Schlechtes über Tote sagen".

Möglicherweise rühren die späteren Eheprobleme dieser Kinder, zumindest teilweise, daher, dass sie ein solch idealisiertes Bild auf den Partner übertragen und von ihm erwarten, bewusst oder unbewusst, er müsse genau so perfekt sein. Diese ausgesprochene oder stillschweigende Forderung kann kein Mensch erfüllen!

In dieser Situation sollten wir versuchen, das Bild des Elternteils ins rechte Licht zu rücken, indem wir beispielsweise mit Menschen sprechen, die ihn gut gekannt haben (anderer Elternteil, Freunde, …), und sie ausdrücklich darum bitten, uns *alles* über ihn zu erzählen, also auch über seine „schlechten" Eigenschaften zu sprechen. Diese Berichte müssen wir dann ernst nehmen und nicht versuchen, sie rosa zu färben oder zu rechtfertigen. Wir sollen den Mut aufbringen, wahrhaft hinzuhören, und nicht die Ohren verschließen vor dem, was nicht in unsere Vorstellung passt. Versuchen wir, ein wahrheitsgetreues Bild dieses Elternteils zu bekommen und ihn als ganz normalen Menschen zu sehen, mit vielen guten, aber auch mit weniger guten Eigenschaften. Die Ernüchterung wird im ersten Augenblick vielleicht schmerzen, möglicherweise wird die idealisierte Liebe zu diesem Elternteil für eine Weile anderen Empfindungen weichen, wie Enttäuschung und Wut. Doch nur wenn wir ihn realistisch sehen, können wir ihn als den Menschen, der er tatsächlich war, lieben und achten – und ihm verzeihen, uns einige seiner Seiten nie gezeigt zu haben.

* * *

Eltern, die ein Kind verlieren, kommen darüber oft kaum hinweg. Und wollen es auch gar nicht. Ist das falsch?
Der Tod eines Kindes, ob geboren oder ungeboren, ist für die Eltern, und besonders für die Mutter, wie der eigene Tod. Es gibt dafür keine Worte des Trostes. Ich fühle mit allen, die es erlebt haben.

Die Eltern wollen ihr Kind nicht vergessen, wie könnten sie auch! Das ist selbstverständlich gut, und sie werden es auch nie vergessen. Können – oder wollen – sie jedoch *nicht darüber hinwegkommen*, so liegt darin eher das Gefühl, ihr Kind zu verraten, ihm Unrecht zu tun, wenn sie seinen Tod so weit verarbeiten, dass er nicht mehr gar so arg wehtut, und sie in einem Leben ohne ihr verstorbenes Kind weiterschreiten. Das Kind vergessen und seinen Tod überwinden ist also nicht das Gleiche. Aus spiritueller Sicht müssen wir den Tod *jedes* geliebten Menschen annehmen und hinter uns lassen. Wir bewahren die liebende Erinnerung, aber wir bewahren uns auch die Freude am eigenen Leben, das vor uns liegt, und wir haben das Recht, ja die Pflicht, wieder glücklich zu sein. Alle Schuldgefühle darüber lassen wir fallen, denn der Tod war offenbar im göttlichen Plan vorgesehen und hatte einen Sinn. Wir glauben doch an die unsterbliche Seele, an das Weiterleben nach dem Tod des Körpers: Dem Kind, seiner Seele, geht es gut, sie schreitet voran auf ihrem Weg. Wir denken an die Freude, die es uns für eine Weile geschenkt hat, und lassen die Seele nun gehen, wir halten sie nicht durch unsere Trauer und unseren Schmerz zurück.

→ Vergleiche Antwort auf Seite 156

* * *

Was sollen wir gegen den Schmerz tun, wenn wir uns von einem geliebten Verstorbenen nicht verabschieden und gewisse Dinge, die zwischen uns standen, nicht mehr mit ihm klären konnten?
Auch mit einem Verstorbenen können wir noch sprechen und ihm das sagen, was wir zu Lebzeiten versäumt haben. Es gibt verschiedene Theorien darüber, was die Seele nach dem Tod macht – bewiesen ist keine –, doch einige gehen davon aus, die Seele verweile noch eine Zeit lang in der Umgebung der Angehörigen und anderer nahestehender Menschen und „sehe" und „höre", was geschieht.

→ Siehe Aufgabe zur Selbstveränderung, Seiten 174/175

So können wir beispielsweise eine Kerze für den Verstorbenen anzünden, dabei intensiv an ihn denken und mit ihm in Gedanken oder laut sprechen. Vielleicht spüren wir seine Anwesenheit sogar in irgendeiner Art; wahrscheinlicher ist allerdings, dass wir nichts wahrnehmen. Weder das eine noch das andere hat etwas zu bedeuten.

Ich persönlich rate vehement davon ab, an spiritistischen Sitzungen teilzunehmen und zu versuchen, durch ein Medium in Kontakt mit Toten zu treten. In den für uns unsichtbaren Welten (andere Dimensionen, Jenseits, Geisterwelt, wie man sie auch bezeichnen will) existieren möglicherweise machtvolle Wesenheiten und Energien, die uns in die Irre führen oder sogar schaden können. Es ist für uns sehr schwierig zu erkennen, wer tatsächlich mit uns „spricht", selbst bei scheinbar deutlichen Zeichen, dass es sich um „unseren" Toten handelt.

Aus spiritueller Sicht will ich noch ergänzen: Es ist ohnehin nur das Ego, das diesen Kontakt sucht – zur Befriedigung der eigenen Neugier, um einen „Beweis" für das Weiterleben nach dem Tod zu bekommen, um vom Toten noch etwas zu erfahren oder ihm etwas mitzuteilen, das unsere Schuldgefühle, Enttäuschung und mehr lindert.

* * *

Wenn der eine Partner untreu ist, so stellt diess eine große Belastung für die Beziehung dar und nicht selten geht dabei etwas kaputt, das nicht mehr repariert werden kann. Wäre eine Trennung in diesem Fall vernünftiger, sogar wenn der Betrogene den Seitensprung eigentlich verziehen hat?
Jeder Fall ist einzigartig, eine allgemeine Antwort kann ich nicht geben. Daher spreche ich hier einige Aspekte an, über die jeder Betroffene nachdenken und dadurch vielleicht zu einer individuellen Lösung finden kann.
• Den Betrug des Partners dürfen wir auf keinen Fall als eigenes Versagen in irgendeiner Hinsicht betrachten. Es gibt viele Gründe, warum jemand, der in einer festen Beziehung lebt, sich zu einem anderen hingezogen fühlt. Hier nur die wichtigsten:
– *Sexuelle Anziehung.* Das Tier Mensch hat den Trieb, sich fortzupflanzen, das ist absolut natürlich. Wir unterliegen den gleichen evolutiven/biologischen Prozessen wie alle anderen Lebewesen; obwohl wir vernunftbegabt sind, gelingt es uns häufig nicht, die Triebe unter Kontrolle zu halten. Fühlen wir uns zu einem Menschen des anderen Geschlechts hingezogen, ist uns selten bewusst, dass es im Grunde genommen geschieht, damit wir uns paaren und Nachwuchs zeugen. Wir meinen zwar, uns in die schönen Augen, den guten Charakter und mehr zu verlieben, aber in Wahrheit wirken die gleichen Arterhaltungsmechanismen wie seit Millionen von Jahren.

– *Mangelndes Selbstwertgefühl.* Viele Menschen, die nicht selbstsicher und selbstbewusst sind, suchen ständig die Bestätigung ihres Wertes bei anderen. Dabei reicht die Liebe des Partners oft nicht aus und sie wollen die Anerkennung immer von Neuem und von anderer Seite bekommen, immer wieder spüren, dass *viele* Menschen sie schätzen und begehren. Und dafür tun sie manches, was nicht rechtens ist.

– Dazu kommt eine Anzahl *anderer Gründe*, wie: sich vom Partner nicht verstanden fühlen, Gemeinsamkeiten vermissen, die Beziehung hat sich „totgelaufen", also all die alltäglichen, in vielen Beziehungen vorkommenden Probleme; ferner die Suche (= Sucht) nach immer neuen Erfahrungen, der Reiz des Verbotenen und mehr – all die egoischen und egoistischen Ausprägungen der menschlichen Natur.

Erkennen wir, aus welchem Grund der Partner fremdgeht, können wir versuchen, ihm in diesem Bereich zu helfen, indem das Problem an der Wurzel gepackt und nicht nur das Symptom der Untreue bekämpft wird. Dabei machen wir uns bewusst – außer bei eindeutig rücksichtslosem Egoismus –, dass der Partner nicht wirklich Schuld hat an seinem Verhalten: Er wird bloß vom Ego und Unbewussten gesteuert. Was nicht heißt, er könne sich nicht mit Einsicht und Willenskraft ändern.

• Selbst wenn wir die Seitensprünge verzeihen, könnte es sein, dass dieses Verzeihen aus dem Verstand (wegen der Kinder, damit die Familie nicht auseinanderbricht, ...) und nicht aus dem Herzen kommt.

Somit liegt stets ein Schatten über der Beziehung, sei es in der Art, wie wir mit dem Partner umgehen, sei es als unsere negative Schwingung, die sich zwar nicht im äußeren Verhalten zeigt, vom Partner jedoch aufgenommen wird und wiederum sein Verhalten unbewusst steuert. Ist uns aufrichtig daran gelegen, die Beziehung wieder als innig und beglückend zu erfahren, müssen wir *wahrhaft* verzeihen, einen endgültigen Schlussstrich unter der Vergangenheit ziehen. Dies wird nicht von einem Tag auf den anderen möglich sein; es bedarf der Arbeit an uns selbst, indem wir das Selbstwertgefühl stärken, die Untreue nicht länger auf uns beziehen und uns dadurch nicht mehr persönlich ver-

> →Vergleiche Kapitel 1 von Band II zum Urvertrauen; Info Seite 230

letzt fühlen. Ferner uns dem Urvertrauen hingeben, dass alles, was geschehen ist, so war und alles Künftige so sein wird, wie es für alle Beteiligten richtig und gut ist. Und schließlich hilft uns der Gleichmut, die Situation vorübergehend anzunehmen und ohne Schmerz oder Frustration zu leben, bis die wahre Einigkeit in die Beziehung zurückgekehrt ist.

• Vielleicht sind die Erfahrungen, die wir auf dem Lebensweg in dieser Beziehung (und Familie) machen mussten, beendet und eine neue Lebensphase steht bevor, sodass die Trennung tatsächlich der richtige Schritt ist. Dies können nur wir selbst in uns spüren, indem wir das Ego mit seinen Verletzungen, Wünschen, Ängsten und mehr auszuschalten versuchen und nur auf die Stimme der Seele hören.

> →Vergleiche Seiten 125/126

In diesem Zusammenhang will ich in aller Deutlichkeit festhalten: Ich befürworte leichtfertige Trennungen keineswegs. In der heutigen Zeit gehen Beziehungen viel zu oft wegen Banalitäten und lösbarer Probleme auseinander, ohne dass die Partner sich ernsthaft bemüht hätten. Die Bereitschaft, auch in einer etwas schwierigeren Beziehung zu leben und sein Glück darin zu finden, ist weitgehend der Illusion zum Opfer gefallen, die „ideale" Beziehung gebe es geschenkt und wir könnten sie einfach mit einem neuen Partner finden, wenn es mit dem gegenwärtigen nicht zu funktionieren scheint.

* * *

Wie können wir lernen, mit einer Trennung umzugehen, wenn der Partner diese will und wir ihn, trotz aller gewesenen Schwierigkeiten, sogar trotz Untreue, noch lieben und über den Verlust nicht hinwegkommen?

Stellen wir uns die Frage: Worauf gründet denn unsere Liebe? Handelt es sich tatsächlich um die wahre, bedingungslose Liebe, wie ich sie in Kapitel 4 „Liebe ist kein Deal" erläutert habe? Wohl kaum, sonst stellte sich die Frage überhaupt nicht, wie mit der Trennung, dem Verlust umgehen. Wahre Liebe wünscht nichts als das Glück des Geliebten, sogar wenn wir selbst nicht daran teilhaben,

> →Seiten 111ff.

wenn der Geliebte nur ohne uns glücklich ist, und wahre Liebe schmerzt den Liebenden nicht. Das Leiden bei einer Trennung findet im Ego statt, die Seele kennt keine Pein.

→ Siehe Seite 164

Der Partner hat uns verlassen: Das tut weh, verletzt, hinterlässt eine Lücke – alles verständlich und menschlich. Er hat jedoch für sein Leben eine Entscheidung getroffen, mit der *wir* nichts zu tun haben. So treffen wir jetzt also die Entscheidung für *unser* Leben! Nämlich die Situation akzeptieren, wie sie ist, die Phase dieser Beziehung als beendet betrachten und abschließen und vor allem diese Anhaftung, diesen Schmerz oder die Verletzung loslassen *wollen*, dem Ego nicht länger erlauben, sich darin zu suhlen und sein persönliches „Lebensdrama" zu genießen.

→ Siehe Aufgabe zur Selbstveränderung, Seiten 175/176

Haben wir diese Tür endlich ganz hinter uns geschlossen, wird sich vor uns eine neue öffnen – aber nicht vorher.

* * *

Manchmal müssen wir eine Beziehung beenden, die im täglichen Zusammenleben nicht mehr funktioniert – etwa weil der Partner absolut unzuverlässig, Alkoholiker oder spielsüchtig ist –, obwohl wir ihn trotz allem lieben und er abgesehen von seinem schwerwiegenden Mangel auch zahlreiche gute Eigenschaften besitzt. Wie gehen wir am besten damit um?

Wege, um eine Trennung zu bewältigen, finden sich in vielen Antworten dieses Kapitels, und jeder Leser kann selbst erspüren, was ihm persönlich am besten hilft.

Darüber hinaus will ich in diesem Zusammenhang das Thema „Schmerz" ansprechen. Wie ich schon in Band II ausführlicher erörtere, müssen wir lernen, einen psychischen Schmerz einfach einmal *auszuhalten*: Meistens versuchen wir nämlich, das Leiden so schnell wie möglich wieder loszuwerden wie einen überaus unwillkommenen Gast.

Doch wir können es auch anschauen, es uns sozusagen gegenüberstellen, genau betrachten, woraus es besteht, *was genau* schmerzt und *warum*. Oft verschwindet es wie von selbst, sobald wir uns in dieser objektiven Weise damit beschäftigen, es als gegeben annehmen und es nicht länger bekämpfen.

Spirituell betrachtet gehen wir noch einen Schritt weiter: Es ist immer das Ego, das leidet, die Seele kennt keinen Schmerz, nur ewige Glückseligkeit. Solange wir also leiden, befinden wir uns im Ego, das wir ja loswerden wollen, oder besser gesagt *verwandeln*, auf unserem Weg zur Vollkommenheit, zum Göttlichen. Deshalb sehen wir den Schmerz als etwas an, was nicht zu uns gehört (zur Seele) und werfen ihn aus uns hinaus: bildlich bei einer Imagination und/oder durch Affirmationen und Bewusstmachen, dass alles, was uns geschieht, gut für uns ist, einen Sinn hat, wir nicht Ego, sondern Seele sind und deshalb nicht leiden, das Göttliche uns führt und beschützt, die Situation an sich nicht leidvoll ist und erst unsere Wertung sie dazu macht, und mehr dergleichen. Wir leiden nur, bevor es uns gelingt, das Leiden als egoische Illusion zu enttarnen – danach gibt es kein Leiden mehr.

→ Vergleiche das Konzept der Welt als Illusion in Kapitel 3 von Band I; Info siehe Seite 229

* * *

Was können wir dagegen tun, wenn die Angst, der Partner könnte uns verlassen, so mächtig ist, dass sie uns ständig quält, wir eifersüchtig sind und dies die Beziehung belastet?
Diese Frage gehört streng genommen nicht in das Thema „Trennung" dieses Kapitels und ich erörtere sie in anderen Bänden der Sonnwandeln-Reihe aus verschiedenen Blickwinkeln. Weil jedoch die Angst, den Partner oder andere geliebte Menschen zu verlieren, und damit die Eifersucht so weit verbreitet sind, fasse ich hier die wesentlichen Aspekte kurz zusammen.

• Unser Partner *gehört uns nicht*, streng genommen gehört er nicht einmal *zu uns*, er hat seinen eigenen Lebensweg, seine eigene Innere Stimme, seine Entscheidungsfreiheit, und wie er mit seinem Leben umgeht, steht allein in seiner Verantwortung – *es betrifft uns nicht*.

→ Vergleiche Kapitel 4, Seiten 111ff.

• Ist unsere Liebe zum Partner echt und rein, so haben wir keine Besitzansprüche und freuen uns aufrichtig, dass er glücklich ist – selbst wenn wir daran nicht teilhaben, er also mit einem anderen Menschen zusammen oder in einer anderen Lebenssituation glücklich ist.

- Wer eifersüchtig ist, verleugnet die Einheit aller Wesen. Die Eifersucht verschwindet, sobald wir lernen, wahrhaftig zu lieben, jedes andere Wesen als einen Teil der göttlichen Einheit so zu lieben wie uns selbst. Und uns selbst wie jedes andere Wesen.
- Eifersucht ist ein Zeichen mangelnder Selbstliebe und Geborgenheit in sich selbst, sie zeugt von Abhängigkeit.

→Vergleiche Kapitel 1, Seiten 19ff.

Es ist allerdings hoffnungslos, gegen die bestehende Eifersucht und Verlustangst anzukämpfen. Vielmehr sollten wir mit den oben aufgeführten Erkenntnissen arbeiten, vor allem am Selbstwertgefühl, am Urvertrauen und an unserer Eigenständigkeit.

* * *

Nach einer Trennung kann es vorkommen, dass wir über einen längeren Zeitraum allein bleiben, obwohl wir uns nach einer neuen Beziehung sehnen, und den Richtigen einfach nicht finden. Woran liegt es, von einer höheren Warte aus betrachtet?

Es kann verschiedene Gründe haben:
- Wir haben, bevor wir eine neue Beziehung eingehen, noch etwas anderes zu erledigen, beruflich, familiär, …;
- der Mensch, den das Göttliche uns zur Seite stellen will, ist noch nicht bereit für uns, weil er davor noch etwas anderes zu erledigen hat;
- wir sollen das Alleinsein kennenlernen, ohne uns einsam zu fühlen;
- wir müssen zuerst den eigenen inneren Weg finden;
- eine Paarbeziehung gehört nicht (länger) in unseren Lebensplan;
- und vieles mehr.

Es ist urmenschlich, sich nach Nähe, Wärme und Gemeinschaft zu sehnen. Auf unserem spirituellen Weg sollten wir allerdings lernen, niemanden zu brauchen, uns nach niemandem zu sehnen, sondern diese Nähe, Wärme und Gemeinschaft mit uns selbst erfahren, also mit dem Göttlichen *in uns,* und darüber hinaus mit dem Göttlichen *außerhalb von uns*, also mit allen Wesen, ohne uns auf bestimmte

→ Siehe auch nächstes Kapitel, Seiten 185 ff.

Menschen zu konzentrieren. Selbstverständlich ist nichts gegen eine Liebesbeziehung mit *einem* Menschen einzuwenden – sofern wir gleichermaßen bereit sind, auch darauf zu verzichten.

Versuchen wir, diesen Wunsch nach einem Partner loszulassen und uns auch in dieser Hinsicht dem göttlichen Willen zu ergeben. Bitten wir nicht darum, den Richtigen zu finden, sondern um das Vertrauen, dass das Göttliche uns so führt, wie es für uns gut ist, und um die Kraft, unser Leben in jedem Augenblick so anzunehmen, wie das Göttliche es für uns bestimmt. Daraus werden wir die wahre Lebensfreude schöpfen, unabhängig davon, ob ein Mensch an unserer Seite geht oder nicht.

Die praktische Umsetzung im Alltag bedeutet, dass wir all das allein unternehmen, was wir eigentlich mit einem Partner tun möchten, Kino, Reisen, Spazieren, Sonnenuntergang bestaunen, es uns zu Hause gemütlich machen, und all das auch alleine genießen, ohne ständig daran zu denken, wie schön es doch wäre, wenn... Und widmen wir uns anderen Menschen, der Familie, Freunden und allen Wesen mit der gleichen Zuwendung und Hingabe, die wir unserem Geliebten schenken würden.

Begegnet uns dann eines Tages ein neuer Partner – dann, wenn das Göttliche es für uns bestimmt –, und gehen wir mit ihm eine Beziehung ein, sollten wir daran denken, uns nicht *ausschließlich* auf ihn zu konzentrieren, wie wir es vielleicht in der Vergangenheit getan haben, sondern weiterhin ein eigenständiges Leben führen, in welchem wir zwar die Zweisamkeit genießen, unser Glück aber nicht von ihr abhängig machen.

* * *

Ist etwas dagegen einzuwenden, wenn wir versuchen, den Partner, der uns verlassen hat, zurückzugewinnen? Im Gedenken, wie schön die Zeit mit ihm doch war...
Die Frage ist immer dieselbe: *Wer* will die Beziehung weiterführen, ist es das Ego oder ist es die Seele? Ist es Anhaftung an einen bestimmten Menschen, Eifersucht, Enttäuschung, Verletzung oder ist es das innere Wissen, dass wir

bei diesem Bemühen etwas lernen sollen, eine wertvolle Erfahrung machen? Ist es Wille oder Wollen?

Die Antwort in solchen Situationen können nur wir selbst, durch absolut ehrliche Innenschau, in uns finden. Lassen wir uns vom Ego nicht hinters Licht führen! Zudem: Unsere Bemühungen selbst sind es, die uns neue Erkenntnisse vermitteln, und nicht, ob sie am Ende von Erfolg gekrönt sind oder nicht.

→ Zur Thematik Wille oder Wollen siehe Kapitel 5 von Band I; Info Seite 229

* * *

Wenn der Partner uns verlässt, quält uns oft die Frage nach dem wahren Warum? Wie können wir darauf eine Antwort finden?

Die Gründe, die der Partner bei der Trennung geltend macht, sind die eine Seite des Warum. Wir können sie für uns annehmen oder auch nicht. Bedenken sollten wir in jedem Fall: Was er auch sagt, es stammt immer aus seinem Erlebten und seinem Unbewussten – und hat möglicherweise nicht viel mit uns zu tun. Es stimmt für *seine* Welt, für *seine* Sicht der Dinge, für *seine* Vorstellungen und nicht für uns. Was nicht bedeutet, wir sollen nicht in absoluter innerer Ehrlichkeit auf diese Gründe schauen. Vielleicht können wir daraus erkennen, was wir aus der Trennung oder aus der vorangegangenen Beziehung lernen müssen. Auf keinen Fall dürfen wir uns aber schuldig fühlen oder unfähig oder verantwortlich für das Scheitern. Es war eine Erfahrung, sowohl die Beziehung als auch die Trennung, ein Lebensabschnitt, aus dem wir Einsichten gewinnen und Lehren ziehen sollen. So viel zur Vergangenheit.

Die andere Seite des Warum – ich halte sie für die wichtigere – bezieht sich hingegen auf die Zukunft, auf unseren eigenen Lebensplan außerhalb dieser Beziehung. Offenbar stehen wir an einem Punkt, an dem wir ohne diesen Partner weitergehen sollen: Die kommenden Erfahrungen, beruflicher, familiärer oder anderer Natur, sind offenbar nicht möglich, solange er an unserer Seite steht.

Zweifellos ist auch sein Lebensweg so konzipiert, dass wir darin nicht mehr vorgesehen sind – der göttliche Plan ist perfekt, er stimmt immer für alle Beteiligten.

In naher oder ferner Zukunft wird sich vielleicht zeigen, warum diese Trennung stattgefunden hat, vielleicht erfahren wir es aber nie. Jedenfalls sollten wir nicht länger nach dem Warum fragen, sondern die Situation annehmen, wie sie ist, ja mehr als das, die Erkenntnisse aus der Vergangenheit assimilieren und alles andere loslassen, vorwärts schauen und einen neuen Weg mit Freude und Zuversicht beschreiten. Solange wir am Alten hängen, bleibt uns die Zukunft mit all dem Schönen und Bereichernden versagt.

* * *

Warum schaffen wir es oft nicht, uns aus einer hoffnungslos zerrütteten Beziehung, die es wirklich nicht mehr wert ist, fortgeführt zu werden, zu lösen? Wie finden wir die nötige Kraft?
Manchmal fragen wir uns als Außenstehende tatsächlich, warum ein Paar immer noch zusammen ist, wieso der eine oder der andere Partner den Schritt zur Trennung nicht längst unternommen hat. Wir sehen erstaunt zu, wie eine Beziehung, die offenbar am Ende ist, mit allen Mitteln aufrechterhalten wird, ohne dass sich, manchmal sogar unter Beiziehen von Eheberater und Therapeut, etwas Wesentliches ändert.

Die Kraft und den Mut zur fälligen Trennung finden wir, indem wir allgemein an uns arbeiten, am Selbstwertgefühl, Urvertrauen, Gleichmut und mehr. Ich verweise deshalb hier nur kurz auf die entsprechenden Stellen der Sonnwandeln-Buchreihe, woraus sich erkennen lässt, warum uns diese Kraft fehlt und/oder wie wir sie finden:
- Kapitel 1 dieses Bandes, „Liebe deinen Nächsten wie dich selbst": zum Thema Selbstliebe;
- Fragen & Antworten in Kapitel 1 in Band II, „Viele Ängste: eine Angst. Ausweg Urvertrauen": zur Angst allgemein;
- Fragen & Antworten in Kapitel 4 von Band IV, „Anhaftung und Loslassen": über die Anhaftung an Menschen und Situationen;
- Vertiefende Aspekte sowie Fragen & Antworten in Kapitel 1 von Band IV, „Mein Ego, dein Ego": Hinweise über die hinderliche Wirkung des Ego;

- Kapitel 5 in Band IV, „Woher nehme ich die Kraft?";
- Kapitel 5 des vorliegenden Bandes, „Einsamkeit und Alleinsein": Hinweise zum Akzeptieren des Single-Daseins.

Ein wichtiger Hinweis explizit an dieser Stelle: Es ist die Angst, die uns an der Trennung hindert; darauf zu warten, dass diese Angst „irgendwann" und „von selbst" verschwindet, ist sinnlos. Es gibt nur einen Weg, mit den Ängsten umzugehen: uns über sie hinwegsetzen. Können wir etwas nicht *ohne* Angst tun, dann tun wir es eben *mit* Angst – aber wir tun es!

→ Vergleiche Kapitel 1 von Band II; Info Seite 230

* * *

Für uns spirituelle Menschen ist die Gottesverwirklichung, Erleuchtung, oder wie wir es auch immer nennen, das Lebensziel. Verlieben wir uns und gehen eine Beziehung ein, besteht die Gefahr, uns darin zu verlieren und das Ziel nicht mehr ernsthaft genug zu verfolgen. Mitunter hält uns auch der Partner, vielleicht ohne es bewusst zu beabsichtigen, davon ab. Sollen wir eine Beziehung erst gar nicht eingehen oder sie beenden, falls wir dieses Phänomen wahrnehmen?
Tatsache ist: Die Erleuchtung oder Gottesverwirklichung zu erlangen, erfordert unsere volle, ungeteilte Ausrichtung auf dieses eine Ziel. Unser Ego ist das Hindernis, das uns von diesem Ziel trennt; solange wir keine „Heiligen" sind, leben wir jede zwischenmenschliche Beziehung – zu Eltern, Kindern, dem Partner und anderen Nahestehenden – mit mehr oder weniger Ego. Somit wären Beziehungen generell ein Hindernis.

Aber: Das Ego können wir nur loswerden, präziser: *verwandeln*, indem wir uns ihm stellen und die egoischen Verhaltensweisen eine nach der anderen erkennen und ändern. Wo ist das möglich, wenn nicht im gewöhnlichen Alltag? Dazu gehören auch Ehe, Partnerschaft und die übrigen zwischenmenschlichen Beziehungen.

→ Auf die Verwandlung des Ego gehe ich ausführlicher ein in Kapitel 1 von Band IV; Info Seite 231

Die verschiedenen spirituellen Richtungen unterscheiden sich unter anderem genau in dieser Frage. Während im Sufismus die Ehe geradezu ein wertvolles Hilfsmittel ist, wird bei den meisten östlichen spirituellen Wegen jegliche

Beziehung zwischen Mann und Frau, die über die allen Wesen zu schenkende Liebe hinausgeht, und insbesondere die Sexualität, als unerwünscht und hinderlich betrachtet.

Zum Göttlichen führen so viele Wege, wie es Menschen gibt, diesen Satz schreibe ich immer wieder. Alle erdenklichen Nuancen zwischen den beiden Extremen eines radikalen Weges *abseits der Welt* in Askese, Keuschheit und Meditation und des Weges *durch die Welt* sind möglich.

Jeder Mensch muss für sich selbst spüren, wohin sein individueller Weg führt, und dabei auch auf die Winke des Schicksals achten. Finden wir den Richtigen nicht, obwohl wir uns nach einer Beziehung sehnen, so sollen wir wohl allein bleiben. Werden wir hingegen immer wieder in Liebesbeziehungen geführt, so liegt unser Weg und die zu lernende Lektion wahrscheinlich gerade darin, zwar mit einem Partner zu leben, uns durch ihn aber nicht von unserem spirituellen Ziel ablenken zu lassen. Zweifellos gelingt es auch in einer Ehe, spirituell zu leben, sogar wenn der Partner nicht den gleichen Sinn darin sieht (eine meiner bereicherndsten Beziehungen war mit einem Atheisten!). Dabei dürfte entscheidend sein, dass wir an der Seite eines anderen Menschen wir selbst bleiben, der Inneren Stimme vertrauen und uns von seinem (und von unserem eigenen) Ego nicht verführen lassen zu Verhaltensweisen, die den Weg zum Göttlichen behindern.

→ Zum sogenannten Zufall und zum Schicksal siehe Kapitel 3 von Band I; Info Seite 229

Weisheiten

Liebe ist Freiheit von Bindungen. Wo Bindungen sind, existiert Angst.
Krishnamurti

Die Erinnerungen verschönern das Leben, aber das Vergessen allein macht es erträglich.
Honoré de Balzac

Was nicht geschehen soll, wird niemals geschehen, wie sehr man sich auch bemüht. Und was geschehen soll, wird bestimmt geschehen, wie sehr man sich auch anstrengt, es zu verhindern. Weise sein bedeutet daher, still zu bleiben.
Ramana Maharshi

Wenn sich eine Tür schließt, öffnet sich eine andere. Die Tragik ist, dass man auf die geschlossene Tür blickt und die geöffnete nicht beachtet.
André Gide

Unter den Leuten von We lebte ein Mann namens Wu vom Osttor. Als sein Sohn starb, war er nicht traurig. Da sagte sein Hausverwalter: „Auf der ganzen Welt gab es niemanden, der seinen Sohn so liebte wie Ihr. Nun ist Euer Sohn gestorben: Warum seid Ihr nicht traurig?" Wu vom Osttor sprach: „Es gab eine Zeit, da ich ohne Sohn war, und in jener Zeit, da ich noch keinen Sohn hatte, war ich nicht traurig. Nun ist mein Sohn gestorben, und es ist wieder so wie früher, als ich noch keinen Sohn hatte. Warum sollte ich jetzt traurig sein?"
Liä Dsi

Nicht was wir erleben, sondern wie wir empfinden, was wir erleben, macht unser Schicksal aus.
Marie von Ebner-Eschenbach

Es ist nicht auszudenken, was Gott aus den Bruchstücken unseres Lebens machen kann, wenn wir sie ihm ganz überlassen.
Blaise Pascal

Da ist ein Land der Lebenden und ein Land der Toten, und die Brücke zwischen ihnen ist die Liebe – das einzig Bleibende, der einzige Sinn…
Thornton Wilder

Die tragenden Gedanken

✧ Das Leben ist ein steter Wandel: Trennung und Tod gehören ganz natürlich dazu.

✧ Die Erfahrung, verlassen zu werden, ist äußerst schmerzhaft, weil unbewusste existentielle Ängste mitwirken und oft auch das Selbstwertgefühl verletzt wird.

✧ Einen Verlust verarbeiten wir am besten, indem wir Urvertrauen, Selbstwertgefühl und Gleichmut in uns stärken.

✧ Auch die Erfahrung der Trennung von einem geliebten Menschen ist ein Teil des göttlichen Plans und wir sollten akzeptieren, was uns gegeben oder genommen wird. Trennung und Tod haben immer einen Sinn – für uns selbst ebenso wie für alle anderen Betroffenen.

✧ Jede Trennung, ob willentlich oder durch den Tod, stellt das Ende einer Lebensphase und den Beginn einer neuen dar: Wir sollten auf unserem Lebensweg mutig und freudig vorwärts wandern und Vergangenem nicht anhaften oder nachtrauern.

Innenschau

✧ Will ich etwas festhalten, das vorbei ist?

✧ Bin ich nach einer Trennung verletzt oder verbittert?

✧ Habe ich Angst vor der Veränderung oder vor dem Alleinsein?

✧ Lasse ich zu, dass mein Ego übermäßig um den Tod eines geliebten Menschen trauert?

✧ Habe ich nach der Trennung/dem Tod Schuldgefühle, Gewissensbisse, Versagensempfinden?

✧ Bin ich nicht bereit, ein idealisiertes Bild eines Verstorbenen oder meines Ex-Partners loszulassen?

Aufgabe zur Selbstveränderung

> **Entwicklungsziel**
>
> Ich lerne, den stetigen Wandel des Lebens anzunehmen und die Vergangenheit loszulassen.
> Habe ich einen geliebten Menschen durch Tod verloren, bewahre ich sein Andenken in Freude und Dankbarkeit, ohne Anhaftung.
> Ist meine Beziehung zu einem geliebten Menschen getrennt worden, beschließe ich sie innerlich ebenfalls, ohne Groll oder Hadern.

→ Bitte beachte „Tipps zum Umgang mit der Sonnwandeln-Reihe" auf Seite 17

Aufgabe A: Tod eines geliebten Menschen

Bitte lies die nachfolgende Anleitung und ebenfalls die Anleitung zur Imagination auf Seite 179 und entscheide dich für eines davon; es ist nicht sinnvoll, beides zu praktizieren.

- Ich mache mir bewusst, dass das Leben stets im Fluss ist, Werden und Vergehen gehören beide dazu und Letzteres ist kein Grund für Traurigkeit. Ich nehme den göttlichen Willen an, der für den Verstorbenen und für mich diesen Weg bestimmt hat.
- Ich entscheide jetzt, die Vergangenheit endgültig loszulassen. Nur die schönen Erinnerungen bewahre ich wie in einem Album auf: Ich darf von Zeit zu Zeit hineinschauen und mich daran erfreuen, aber sie sind nicht länger Teil meines gegenwärtigen Lebens.
- Das besiegle ich mit einem Ritual: Ich zünde eine Kerze an, eventuell vor einem Foto des Verstorbenen, rede noch einmal mit ihm, falls ich ihm noch etwas mitteilen möchte, und ich empfinde Freude und Dankbarkeit für den Weg, den wir gemeinsam zurückgelegt haben. Ich danke auch dem Göttlichen für die Erfahrung, die ich machen durfte.

Dann verabschiede ich mich von ihm; ich sage ihm, er müsse jetzt allein weitergehen, und fordere ihn eindringlich dazu auf und nicht länger in meiner Atmosphäre zu verweilen, ich wolle das Gleiche in dieser Welt tun.

Nun lösche ich die Kerze und verlasse diesen Raum, ich trete ganz bewusst über die Schwelle in ein anderes Zimmer und lasse alles hinter mir, was mich noch an den Verstorbenen gebunden hat: Anhaftung, Sehnsucht, Selbstvorwürfe, Schuldgefühle, aber auch negative Empfindun-

gen ihm gegenüber, wie Groll, alte Vorwürfe und mehr. Ich bin in eine neue Lebensphase getreten und darf von jetzt an meinen eigenen Weg weitergehen, ohne ihn.
- Dieses Ritual vollziehe ich *ein einziges Mal,* ich bin mir seiner Endgültigkeit bewusst, bevor ich damit beginne. Ich widme mich auch nicht der Imagination von Seite 179.
- Lediglich die Erkenntnis, dass das Leben ein steter Wandel ist und ich meine neue Lebensphase mutig und zuversichtlich leben soll, darf ich mir von Zeit zu Zeit wieder in Erinnerung rufen. Und ich bemühe mich ernsthaft darum, in Zukunft jegliche egoische Empfindungen und Gedanken im Zusammenhang mit dem Verstorbenen (Bedauern, Wut, Sehnsucht, Wehmut, Frustration, Groll, Schuldgefühle und mehr), also alles, was nicht frohe, liebende Erinnerung ist, von mir zu weisen und solchen Empfindungen keinen Raum zu gewähren.

Aufgabe B: Trennung einer Beziehung
Bitte lies die nachfolgende Anleitung und ebenfalls die Anleitung zur Imagination auf Seite 179 und entscheide dich für eines davon; es ist nicht sinnvoll, beides zu praktizieren.
- Ich mache mir bewusst, dass das Leben stets im Fluss ist und menschliche Beziehungen den Sinn haben, uns zu lehren und auf unserem Weg weiterzuführen; haben sie ihren Zweck erfüllt, geht jeder seinen eigenen Weg. Ich nehme den göttlichen Willen an, der für den anderen und für mich diese Trennung bestimmt hat.
- Ich entscheide jetzt, die Vergangenheit endgültig loszulassen. Nur die schönen Erinnerungen bewahre ich wie in einem Album auf: Ich darf von Zeit zu Zeit hineinschauen und mich daran erfreuen, aber sie sind nicht länger Teil meines gegenwärtigen Lebens.
- Das besiegle ich mit einem Ritual: Ich begebe mich allein in einen Raum und hier lasse ich noch einmal alles aus mir heraus, was mich mit der zu Ende gegangenen Beziehung und der Trennung verbindet (Bedauern, Frustration, Wut, Enttäuschung, Schmerz, Selbstzweifel, Sehnsucht, Schuldgefühle, Wunsch nach Wiedervereinigung und mehr); ich kann es in Gedanken tun, aber auch laut sprechen, sogar schreien oder weinen.

Wenn ich ganz leer bin, wende ich mich an das Göttliche und danke für die Erfahrung, die ich durch diese Beziehung und Trennung machen durfte.

Dann verlasse ich diesen Raum, ich trete ganz bewusst über die Schwelle in ein anderes Zimmer und schließe die Tür für immer hinter mir. Ich bin in eine neue Lebensphase getreten und es gibt keine Fessel mehr zur Vergangenheit.

- Dieses Ritual vollziehe ich *ein einziges Mal*, ich bin mir seiner Endgültigkeit bewusst, bevor ich damit beginne. Ich widme mich auch nicht der Imagination von Seite 179.
- Lediglich die Erkenntnis, dass das Leben ein steter Wandel ist und ich meine neue Lebensphase mutig und zuversichtlich leben soll, darf ich mir von Zeit zu Zeit wieder in Erinnerung rufen. Und ich bemühe mich ernsthaft darum, in Zukunft jegliche egoischen Empfindungen und Gedanken im Zusammenhang mit dem anderen Menschen von mir zu weisen und nicht zuzulassen – also auch jede List meines Ego wie: „Ich muss ihn doch davor bewahren, in sein Unglück zu laufen"; „Wahre Liebe gibt nie auf"; „So schlimm war es eigentlich nicht" und Ähnliches, ebenso wie jede Art von Selbstmitleid, Selbstzweifel, Sehnsucht, aber auch Wut, Enttäuschung und mehr.

Nur Mut!

Das Leben ist ein tosender Fluss, mit Strudeln und Stromschnellen, der dich oft mitreißt und herumwirbelt. Doch du schwimmst und gehst nicht unter!

Und immer wieder lässt er dich auf einer Sandbank ruhen und die wärmenden Sonnenstrahlen genießen, allein oder in trauter Zweisamkeit.

Und immer wieder kommt die Zeit, Abschied zu nehmen und dich vom Fluss des Lebens weitertreiben zu lassen – stillstehen darf er nicht, wird er nie.

Im größten Sturm herrscht Ruhe zugleich: Auf einem Felsen in der Brandung stehst du fest im Leben, unbewegt und unbeweglich.

Lass die Wasser an dir vorbeifluten, die Wellen sich aufbäumen! Dein Fels in der Brandung mag noch so winzig sein, die Strömung noch so mächtig – solange du auf dem Felsen deines Urvertrauens stehst, wirst du niemals untergehen.

Die Gischt mag dich nass spritzen, das Tosen dich ermahnen an die Endlichkeit: Vertraue dem göttlichen Plan, der dich immer zum Guten führt.

Affirmationen

→ Bitte beachte die detaillierte Anleitung auf Seite 216

Ich lasse alle beendeten Beziehungen los.

Ich lasse meine Anhaftung an geliebte Menschen los.

Ich verzeihe den Menschen, die von mir gegangen sind.

Ich löse bestehende Konflikte jetzt.

Ich lasse meine Vergangenheit völlig los.

Ich nehme jede Situation an, wie sie ist, sie ist gut.

Ich habe den Mut, jede Situation anzugehen.

Ich bin offen für die Zeichen und lasse mich führen.

Ich freue mich auf das Neue, ich gehe furchtlos voran.

Ich bin in mir selbst geborgen und unabhängig von fremder Liebe.

Meine Zufriedenheit wohnt in mir, sie ist immer da.

Ich fühle mich vom Göttlichen geliebt.

Ich allein bin für mein Leben verantwortlich.

Jetzt entscheide ich mich für ein neues Leben.

Alles, was mir geschieht, hat einen Sinn, ich lerne daraus.

Ich bin auch dankbar für das, was mir genommen wird.

Imagination

- Ich befinde mich an einem vertrauten Ort, fühle mich sicher und geborgen, spüre die Ruhe um mich und in mir.
- Die Phase mit einem Menschen, der nicht mehr bei mir ist (durch willentliche Trennung oder Tod), lasse ich in mir nochmals aufleben. Ich schaue einige Episoden der gemeinsam verbrachten Zeit an, chronologisch vom Kennenlernen (oder von den ältesten Erinnerungen) bis zur Trennung. Ich tue es in Form einzelner Bilder, die ich ruhig betrachte (also nicht indem ich ganze Geschichten nochmals erlebe).
- Dabei erlaube ich den Emotionen aufzukommen, seien sie freudig oder traurig. Ich gehe in sie hinein, empfinde sie tief. Dann lasse ich das jeweilige Bild vor meinem geistigen Auge verblassen, es wird immer heller und undeutlicher, verschwimmt und verschwindet vollständig; gleichzeitig dämpfe ich die Emotionen ebenfalls ab, indem ich ruhig und tief atme und sie weniger und weniger stark empfinde (auch die freudigen!), sie loslasse, bis sie vollständig weg sind und ich mich gleichmütig fühle. Das tue ich mit jeder einzelnen Episode.
- Beim letzten Bild (Trennung/Scheidungsurteil oder Tod/Trauerfeier, ...) mache ich das Gleiche wie bei den anderen. Wenn das Bild verblasst ist und die Emotionen (zumindest weitgehend) dem Gleichmut gewichen sind, hole ich das Bild dieses Menschen zurück vor mein geistiges Auge und fühle meine Liebe zu ihm. Ich verabschiede mich von ihm und versuche, dabei Freude und Dankbarkeit zu empfinden. Kommt Traurigkeit auf (oder Wut, Frustration, ...), atme ich tief und ruhig, lasse das Bild verblassen, bis meine Emotionen wieder weg sind, und versuche es nochmals (aber nicht mehr als zwei- oder dreimal!).
- Habe ich freudig Abschied genommen oder ist mir dies nach zwei bis drei Versuchen nicht gelungen, komme ich langsam in die Wirklichkeit zurück, fühle mich wohl und geborgen, genieße den Frieden und die Ruhe in mir. Dann atme ich tief in den Bauch, öffne die Augen, verharre noch eine Weile regungslos, schaue um mich, spüre meinen Körper und bewege mich langsam.

→ Bitte beachte die detaillierte Anleitung auf Seiten 217ff.

→ Ist es dir nicht gelungen, mit Empfindungen der Freude Abschied zu nehmen, wiederholst du diese Imagination im Abstand von jeweils einigen Tagen.

Empfohlene Bach-Blüten

→ Bitte beachte die detaillierte Anleitung auf Seiten 220ff.

Haupt-Blüten

Seelenzustand	Nr.
Ich komme über den Verlust eines geliebten Menschen nicht hinweg und/oder sehne mich nach der Vergangenheit.	16
Ich habe Schuldgefühle und/oder kann mir etwas nicht verzeihen.	24
Ich finde den richtigen Weg für meine neue Lebensphase nicht, bin verunsichert.	33
Ich bin verbittert, hege Groll gegen jemanden.	38

Gewählte Blüten:

☐ ☐ ☐ ☐

Zusatz-Blüten

Seelenzustand	Nr.
Ich bin deprimiert, verzweifelt, hoffnungslos.	13
Meine Gedanken kreisen ununterbrochen um das gleiche Thema.	35
Ich bin eifersüchtig.	15
Ich empfinde meine gegenwärtige Situation als ausweglos.	30
Ich sorge mich sehr um geliebte Menschen.	25

Gewählte Blüten:

☐ ☐ ☐ ☐ ☐

Empfohlener Heilstein: Gagat (Jet)

→ Bitte beachte die detaillierte Anleitung auf Seite 223

Wirkung

Der Gagat ist *der* Trauerstein, der neuen Lebensmut verleiht, wenn wir unter einem Verlust leiden. Er heilt die tiefen Wunden des Schmerzes und Kummers beim Verlassenwerden; er lässt auch nicht zu, dass wir in Selbstmitleid verfallen.

Anwendung

Als Handschmeichler verwenden oder als Anhänger auf sich tragen.

Reinigen und Aufladen

Vor dem ersten Gebrauch unbedingt etwa eine Woche lang in Hämatit- oder Bergkristall-Trommelsteinen neutralisieren, um früher aufgenommene Energien zu beseitigen. Danach vor jeder Anwendung ausgiebig unter fließendem lauwarmem Wasser reinigen. Wiederaufladen in einer Bergkristallgruppe, nicht an der Sonne. Den Gagat nicht an andere ausleihen.

Rückschau und Vorschau

Nachdem du eine Weile – in der Regel mehrere Wochen – in deinem Alltag zum Thema dieses Kapitels an dir gearbeitet hast, blickst du kurz zurück und schaust, wo du stehst. Kreuze bei den untenstehenden Aussagen an, was auf dich zutrifft. Sei ehrlich zu dir selbst, ohne falsche Bescheidenheit und ohne Selbstvorwürfe oder Entmutigung – es ist nur eine Bestandesaufnahme, ohne Wertung, um zu erkennen, in welchem Bereich du dich noch bemühen kannst... damit du wirst, was du bereits bist.

Lernziele dieses Kapitels Erreicht:	Ja	Nein
Eine Trennung habe ich jetzt überwunden, sie tut nicht mehr weh und ich hege keinen Groll. Oder: Die Trennung schmerzt noch, aber ich kann sie jetzt annehmen und erkenne ihren Sinn. Oder: Ich habe es geschafft, dem Schmerz der Trennung ins Gesicht zu sehen.	☐	☐
Ich halte an meiner Beziehung, die im Grunde genommen vorbei ist, nicht mehr fest; ich habe mich getrennt oder habe die Trennung in die Wege geleitet. Oder: Ich habe einen echten Schlussstrich unter die Beziehung gezogen und meinem Partner die Fehltritte verziehen.	☐	☐
Meine Angst, mein Partner könnte mich verlassen, habe ich weitgehend überwunden.	☐	☐
Das idealisierte Bild eines Verstorbenen konnte ich loslassen und ich sehe ihn realistischer.	☐	☐
Es ist mir gelungen, einen geliebten Menschen, den ich verloren habe, in Liebe gehen zu lassen. Oder: Die Anwesenheit eines Menschen, der nicht mehr bei mir ist, vermisse ich nicht mehr.	☐	☐
In meiner neuen Lebensphase nach der Trennung / dem Todesfall finde ich mich inzwischen gut zurecht.	☐	☐

Mein weiterer Entwicklungsschritt

Notiere jetzt eine Einsicht/Herausforderung/Aufgabe, an der du arbeiten willst – aber nur eine! Dann prägst du sie dir gut ein, bittest das Göttliche, dich dabei zu führen und dein Bemühen zu fördern, und lässt sie los. Du kannst jetzt mit dem nächsten Kapitel und dessen Aufgaben weiterfahren.

Den Entwicklungsschritt, den du hier aufgeschrieben hast, darfst du von Zeit zu Zeit nachlesen, gewissermaßen zur Erinnerung, aber beschäftige dich gedanklich nicht mehr damit. Den Impuls hast du nämlich gesetzt – überlass es dem Göttlichen, ihn so umzusetzen, wie es für dich gut ist.

Wir Menschen sind gleich den Blumen auf dem Feld: viele zusammen, aber jede einzelne an einem Stängel, genährt von der Erde und der Sonne und dem Regen. Keine Blume kann der anderen den Hagelschlag, das Welken, das Gepflücktwerden ersparen... Und keine Blume kann für die andere wachsen.

6. Einsamkeit und Alleinsein

Themen dieses Kapitels
• Die Illusion, das Leben mit jemandem zu teilen • Äußeres Alleinsein oder innere Einsamkeit • Getröstet zu werden, ist oft hinderlich • Das kosmische Schauspiel und der Lebensfilm • Gibt es Menschen, die eine wichtige Rolle in unserem Leben spielen? • Warum wir keinen Partner finden • Nicht allein sein können

Entwicklungsziel
Ich erkenne, dass ich in Wahrheit immer allein bin, unabhängig davon wie viele Menschen mich lieben und mich umgeben, und lerne mit dem Alleinsein umzugehen. Ich verstehe, dass mein Wunsch nach menschlicher Gesellschaft und Gemeinschaft aus der Einsamkeit der Seele stammt, und verwandle diese Einsamkeit in inneren Frieden und Selbstgeborgenheit.

Einführende Gedanken

Einsamkeit und Alleinsein

Das Leben ist ein einsames Gastspiel auf der Weltbühne: Herrscht darauf auch ein Kommen und Gehen mit einem regen Menschengewimmel, in unserer Rolle sind wir ganz allein auf uns gestellt, zum Regisseur haben wir keinen direkten Kontakt und wir kennen nicht einmal das Stück, in dem wir mitspielen. Wir müssen ständig improvisieren, nur von Zeit zu Zeit flüstert die Souffleuse uns einige Anweisungen zu.

→ Siehe Seiten 189/190

Streng genommen ist jeder von uns der Hauptdarsteller in einem eigenen Schauspiel, alle anderen sind nur Statisten, die nichts mit unserer Rolle zu tun haben, ebenso wenig wie die Kulisse, sei es ein Palast oder eine armselige Hütte, und die Requisiten, seien es prächtige Gewänder und Goldschmuck oder Lumpen.

Und doch fühlen wir uns mit gewissen Menschen verbunden, sie sind uns näher als andere, wir „teilen" unser Leben vermeintlich mit ihnen; auch an bestimmten Orten und Umgebungen hängen wir stärker, einzelne Dinge sind uns wichtiger, es gibt Rollen, die wir anderen vorziehen.

Allein in der Menge

Eine Erfahrung, die wir alle schon gemacht haben: Trotz vieler Menschen um uns herum, ob in einer belebten Straße oder auf einer Party, fühlen wir uns einsam; das kann uns zuweilen sogar im Familien- oder Freundeskreis passieren. Wir wähnen uns im Stich gelassen oder unverstanden, wir sehen uns allein mit einem Problem konfrontiert oder eine schwere Lebenssituation lastet auf uns, die uns niemand abnehmen kann.

Umgekehrt kommt es vor, dass wir allein sind, keiner gibt sich mit uns ab oder kümmert sich um uns, und doch fühlen wir uns keineswegs einsam, sind in Frieden mit uns selbst und brauchen niemanden.

Woher stammen denn die Einsamkeit oder die Geborgenheit, wodurch werden sie ausgelöst? Ob wir uns einsam oder in uns selbst geborgen fühlen, hängt vom Ausmaß unserer Abhängigkeit von anderen Menschen ab, unseres

Urvertrauens, unserer inneren Stärke, auch von unseren Ängsten und Wünschen, von den Vorstellungen, die wir uns von unserem Leben machen und in es hineinprojizieren.

Die Illusion des geteilten Lebens
„Geteiltes Leid ist halbes Leid", sagt das Sprichwort. Wir tragen scheinbar leichter an unserem Schicksal, wenn jemand uns zur Seite steht, uns auf einem schweren Gang begleitet. Oftmals ist es für uns noch wichtiger, das Glück mit anderen teilen zu können, die schönen Momente des Lebens, die uns zuweilen gar bedeutungslos vorkommen, wenn niemand sich mit uns daran erfreut.

Sind Schmerzen wirklich leichter zu ertragen, hält uns jemand dabei die Hand? Wiegt ein Schicksalsschlag weniger schwer, sind wir dabei nicht allein? Überwinden wir einen Verlust besser und schneller, wird uns Trost gespendet? Die Psychologen meinen ja.

Spirituell gesehen handelt es sich um eine Illusion des Ego, eine unter vielen, wie beispielsweise auch die weit verbreitete, irrige Meinung, ein Erfolgserlebnis verleihe Energie. Es mag für die egoische Geborgenheit und das egoische Selbstbewusstsein nützlich sein – mit dem „Seelenheil" hat es jedoch nichts zu tun. Unseren Weg müssen wir Schritt für Schritt selbst gehen, die Konsequenzen unseres Handelns tragen wir ganz allein und die Lektionen, die wir zu lernen haben, werden unweigerlich auf uns zukommen. Niemand kann uns etwas abnehmen.

Manchmal ist es sogar hinderlich, wenn wir immer sofort getröstet werden und nicht bis in die Tiefe unseres Schmerzes gelangen; ferner kann uns der Gedanke, jemand „teile" unser Schicksal mit uns, zu Handlungen und Verhaltensweisen verleiten, die wir sonst nicht wagten.

→ Siehe Seite 194

Innere Einsamkeit
Trotz einer glücklichen Partnerschaft und Erfüllung im Beruf, trotz Freunden und Freizeitbeschäftigungen, obwohl es ihnen an nichts mangelt, sie alles haben, um glücklich zu sein, empfinden einige Menschen eine leise, stets vorhandene oder zeitweise auftretende Einsamkeit. Dann spüren sie, dass das äußerlich glückliche Leben ihnen nicht genügt

oder dass kein Mensch ihnen geben kann, wonach sie dürsten. Oft wissen sie selbst nicht, was ihnen eigentlich fehlt, wonach sie suchen, es ist vielmehr eine unbestimmte Empfindung, eine unerklärliche, vage Sehnsucht.

„Die innere Einsamkeit kann nur durch die innere Erfahrung der Einheit mit dem Göttlichen geheilt werden; keine menschliche Beziehung kann diese Leere füllen." Sri Aurobindo sagt uns deutlich, woran es liegt und was wir dagegen tun können.

Vertiefende Aspekte

Das kosmische Schauspiel auf der Weltbühne
Unser Leben in dieser Welt ist ein Gastspiel, das eine bestimmte Zeit dauert und dann zu Ende ist. Wir sind Schauspieler, die vergessen haben, dass sie nur Theater spielen: Wir nehmen alles ernst, als wäre es die Wirklichkeit, beklagen uns über unsere Rolle, die anderen Schauspieler, die Dramaturgie. Wir sind mit dem Autor des Stücks nicht einig, möchten die Handlung umschreiben und am liebsten auch selbst Regie führen, die Bühne umbauen und neue Requisiten aussuchen.

In Wahrheit tun wir das auch, nur wissen wir es nicht. Denn das Göttliche ist der Autor, der Regisseur, die Bühne, die Schauspieler, die Zuschauer – und das Göttliche ist in uns, oder: Wir *sind* das Göttliche. Die Schwierigkeit dabei ist, dass wir dies nicht wahrnehmen, weil wir im Ego leben und dieses Ego ständig seine eigenen Vorstellungen in das göttliche Schauspiel einbringen und darin umsetzen will. Jeder will König sein, niemand Bettler, jeder will einen starken, gesunden Helden spielen, niemand einen schwachen, hilfsbedürftigen Kranken, jeder will die Rolle des Glücklichen, dem alles gelingt, niemand die des Pechvogels oder Versagers.

Doch ein spannendes Schauspiel braucht die Gegensätze; und die Natur als schöpferische Kraft will alles ausprobieren, sie wertet nicht. Spielen wir doch einfach mit, spielen wir die uns zugeteilte Rolle, so gut wir können. Und seien wir uns in jedem Augenblick bewusst, dass es nur eine Rolle ist, es gibt kein Leiden und kein Glück, keine Täter und keine Opfer, kein Ich und kein Du, es gibt nur das Eine.

→ Vergleiche Kapitel 1 von Band I; Info Seite 229

*   *   *

Der Lebensfilm: eine Hauptrolle und viele Statisten
Wir können das Leben auch als einen Film betrachten, in dem wir die Hauptrolle spielen. Jeder Mensch spielt in seinem eigenen Film die Hauptrolle, die anderen sind lediglich Statisten, die Werkzeuge, um eine bestimmte Handlung, bestimmte Situationen zu inszenieren.

Daraus folgt: Wir sollen uns auf unsere Rolle konzentrieren und nicht so sehr darauf achten, was die anderen wie und warum tun. Daraus folgt weiter: Wir dürfen anderen kein Verdienst und keine Schuld zuweisen, wie *wir unsere* Rolle spielen – unabhängig von der Handlung und den Darstellern um uns herum. Was im Film geschieht, ist das eine, wie wir darauf reagieren und uns verhalten, etwas anderes. Wir sind sozusagen allein in unserem Film, alles andere ist so arrangiert, dass wir uns bewähren, unsere Lebensschule absolvieren können.

Die gleiche Szene, in welcher X, Y und Z mitspielen, gehört im Grunde genommen gleichzeitig zu drei Filmen: zum Film von X, zum Film von Y und zum Film von Z. Im X-Film hat sie eine bestimmte Bedeutung, nur für X, im Y-Film eine andere, nur für Y, und im Z-Film nochmals eine andere, nur für Z. Obwohl die Filmsequenz für einen außenstehenden Betrachter als eine einzige erscheinen mag, sind es in Wirklichkeit drei, jede jeweils mit einem anderen Hauptdarsteller und anderen Statisten.

In diesem Sinne ist das Leben eine einsame Angelegenheit: *Mein* Leben betrifft nur *mich*. Kein anderer, so nah er mir steht, kann meine Hauptrolle in meinem Film übernehmen. Und hat keinen Einfluss darauf, denn niemand kann im Lebensschauspiel etwas bewirken, das der göttliche Regisseur nicht zulässt.

→ Siehe die Einsichten zum Urvertrauen in Kapitel 1 von Band II; Info Seite 230

SINNBILDLICH

Die Illusion des Daseins
Eine indische Geschichte

Dem heiligen Narada wurde vom Gott Vishnu die Erfüllung eines Wunsches zugestanden. „Ich möchte deine Maya erkennen – diese Illusion, die mich in irdischen Freuden und Leiden gefangen hält, an geliebte Menschen bindet...", bat der Weise. Vishnu widersetzte sich zuerst, denn seine allerhöchste Maya könne niemand erkennen; er gab schließlich aber dem Drängen seines Verehrers nach. „Tauche hier ins Wasser dieses Teiches, dann wirst du um meine Maya wissen!", sprach er.

→ Maya: siehe Glossar Seite 227

Narada tat wie geheißen – und tauchte wieder auf als ein junges, schönes Mädchen, Sushila, Tochter des Königs von Benares.

Sie heiratete den Prinzen von Vidarbha und kostete die Liebe und die Sinnesfreuden mit ihm aus; sie schenkte ihm viele Kinder, die später ihrerseits Kinder bekamen. Doch eines Tages entbrannte ein Krieg zwischen den Königreichen Vidarbha und Benares. Sushilas ganze Familie, Ehemann, Söhne, Enkel und auch ihr Vater und ihre Brüder kamen darin um.

Verzweifelt begab sie sich auf das Schlachtfeld und sah das Blutbad mit eigenen Augen; sie schichtete die Leichname all ihrer Angehörigen auf einen riesigen Scheiterhaufen und zündete ihn an. Als die Flammen hoch loderten, schrie sie: „Meine Lieben!" und stürzte sich ins Feuer.

Da wurde dieses durchsichtig wie Kristall, verwandelte sich in einen Teich kühlen Wassers – und Sushila fand sich wieder als Narada. Vishnu entstieg ebenfalls dem Wasser und lächelte den Heiligen an: „Wer sind deine Lieben, du Narr? Um wen weinst du?"

Fragen & Antworten

→ Diese Aussage steht in „Vertiefende Aspekte", Seiten 189/190

Wenn alle um uns nur Statisten sind: Ist da nicht jede zwischenmenschliche Beziehung wertlos? Gibt es denn überhaupt keine Menschen, die eine wichtige Rolle in unserem Leben spielen?

Es gibt Außenstehende, die in unserem Leben *eine Rolle spielen* (welch treffende Redewendung!) und zwar als Instrumente des Göttlichen. Sie werden uns auf den Weg gestellt, kreuzen ihn oder begleiten uns sogar für längere Zeit, damit wir durch dieses Zusammenwirken lernen für unsere innere Entwicklung, ebenso wie wir aus einem Buch oder aus einer Situation, der wir nur als Beobachter beiwohnen, lernen. Natürlich sind wir gleichzeitig für die anderen Beteiligten ebenso ein Werkzeug, wie sie es für uns sind.

Was ich hier deutlich machen will, ist die folgende Erkenntnis: Wir möchten unser Leben mit jemandem teilen, sei dies der Partner, ein Freund, die Mutter oder der Vater, ein Kind, wir meinen, Hand in Hand mit jemandem durch das Leben zu wandern, uns an ihn anlehnen und ihm beistehen zu können, und sprechen jeweils von gemeinsamen Erfahrungen. In Tat und Wahrheit ist immer jeder für sich allein: Die Gemeinschaft, das Teilen, die Unterstützung mögen für das Ego notwendig sein und ihm guttun, sind jedoch eine Illusion des Ego.

Zwischenmenschliche Beziehungen sind indes keineswegs wertlos: Nie lernen wir so viel wie in der Konfrontation mit unseren Mitmenschen. Sie sind unser Spiegel, zeigen uns auf, welche egoischen Gedanken, Emotionen und Verhaltensweisen noch in uns stecken. Sie sind Lehrer in unserer Lebensschule, ebenso wie wir, präziser gesagt: die Situationen mit uns, sie lehren. Doch uns von ihnen und ihrer Anwesenheit, ihrer Zuwendung, ihrer Hilfe abhängig fühlen, das dürfen wir nicht. In diesem Sinne sollten wir uns bewusst sein, dass wir allein sind, ganz gleich wie viele Menschen uns lieben, vermeintlich ihr Leben mit uns teilen, „für uns da sind".

* * *

Wie könnten wir je allein sein, da wir doch eins mit allen Wesen sind?
Betrachten wir es von dieser höheren Warte aus, so gibt es kein Ich und kein Du, es gibt nur das Eine. Dann erübrigt sich jegliche Diskussion über das Thema Einsamkeit.

Aber wir leben im Ego. Was wir als *Ich* empfinden ist nicht dieses Eine, sondern ein individuelles Ego, getrennt von allen anderen Geschöpfen und vom Göttlichen. Und doch offenbar nicht getrennt genug, da wir immer wieder der Illusion verfallen, nicht allein zu sein auf dieser Welt, oder darunter leiden, wenn wir uns einmal allein fühlen, sei es, dass wir physisch allein sind, also keine Freunde, keine Angehörigen sich an unserer Seite befinden, sei es, dass wir Einsamkeit empfinden, weil wir uns unverstanden, verlassen, ungeliebt wähnen.

→ Vergleiche Kapitel 1 von Band IV; Info Seite 231

Das Bewusstsein, eins mit allen Wesen zu sein, eins mit dem Göttlichen, würde uns in solchen Augenblicken helfen und wir könnten uns mit allen Seelen verbunden fühlen. Die Verbundenheit mit anderen Egos ändert hingegen nichts an unserer Einsamkeit, zumindest nicht nachhaltig.

* * *

Auch wenn wir unseren Weg selber gehen müssen und alle Konsequenzen unseres Handelns einzig auf uns lasten, ist es wirklich nicht leichter, etwas zu ertragen, beispielsweise eine schwere Krankheit, wenn wir jemanden an unserer Seite haben, der tröstet und Mut macht?
Dieses Gefühl der Verbundenheit mit einem geliebten Menschen, die Gewissheit jemanden an unserer Seite zu haben, ist für viele Menschen, wohl für die meisten, ein entscheidender Bestandteil eines glücklichen Lebens.

Doch wir haben, spirituell gesehen, kein Anrecht darauf, diese Rolle im göttlichen Theater spielen zu dürfen – viele Menschen sind allein, schon in jungen Jahren oder erst im Alter, viele Beziehungen zerbrechen und hinterlassen Einsamkeit. Es ist überaus wichtig, auch diese Seite des Lebens anzunehmen und uns trotz des äußeren Alleinseins nicht einsam zu fühlen, sondern in uns selbst zu ruhen, die Geborgenheit in uns zu finden.

Was den Trost und die Unterstützung in einer schwierigen Lage betrifft: Es gibt auch eine Kehrseite. Unsere Mitmenschen neigen dazu, wenn wir traurig sind oder leiden, uns sofort zu trösten, indem sie uns in den Arm nehmen, unsere Tränen abwischen, uns hoffnungsvolle (nicht immer wahre) Worte schenken. Wir, präziser gesagt: unser Ego, lassen dies nur allzu gerne zu und entkommen dadurch der Auseinandersetzung mit der leidvollen Situation, mit uns selbst. Es ist eine willkommene Flucht, ein Übertünchen der aufwallenden, zu verarbeitenden Emotionen, nicht selten eine Schönfärberei der Wirklichkeit. Sie beraubt uns der Möglichkeit, uns ganz in den Schmerz fallen zu lassen und in uns zu spüren, *was genau* wehtut, und den inneren Tröster zu entdecken.

Ich will damit nicht sagen, wir sollen einem leidenden Menschen gegenüber gleichgültig oder gar hart sein, keineswegs. Wir sollen ihn trösten, unser Mitgefühl ausdrücken, mit all unserer Liebe und all unserem Verständnis für den leidenden Menschen – nur nicht *augenblicklich*, bevor er sich allein mit seinem Leid auseinandergesetzt hat.

* * *

→ Diese Aussage steht in „Einführende Gedanken", Seite 187

Es ist uns doch klar, dass wir alles selber „ausbaden" müssen; wieso sollte das Wissen, jemand teile unser Schicksal, uns also zu einem Verhalten verleiten, das wir sonst nicht wagten?

Bei der viel zitierten Gruppendynamik, besonders unter Jugendlichen, sind der Auslöser der Dummheiten, die jeweils begangen werden, nicht nur Mutbeweise oder Mitläufertum. Gefördert wird solches Verhalten auch durch das (oft unbewusste) Gefühl, bei den Konsequenzen nicht allein dazustehen, die Schuld gemeinsam mit anderen zu tragen. Schon kleine Kinder, die wegen eines Unfugs gescholten werden, verteidigen sich zuweilen mit den Worten: „Aber X war auch dabei! X hat auch mitgemacht!". Es scheint für den Menschen leichter, etwas auf sich zu nehmen, wenn er dabei Mit-Macher und Mit-Leider hat. Beobachten wir uns selbst, ob wir uns gewisse Dinge nicht doch eher trauen, sobald jemand mit uns geht oder uns zumindest beisteht.

Dieser Aspekt ist nicht in jedem Fall negativ. Wir sollten uns ja vor nichts fürchten, immer zu uns selbst stehen und handeln, wie wir es in uns als richtig spüren; so kann die Unterstützung eines Mitmenschen einen Schritt fördern, den wir allein vielleicht nicht gewagt hätten. Es geht darum, uns dessen *bewusst* zu sein – wir kommen auf unserem Weg nur voran, wenn wir uns von unbewussten, illusorischen, irrigen Verhaltensweisen verabschieden.

* * *

Woher kommt es, dass wir uns mit der Zeit innerhalb einer Partnerschaft einsam fühlen, auch wenn zusammen viel unternommen wird und trotz einer allgemein guten Beziehung?
Das kann verschiedene egoische und nicht-egoische Gründe haben. Der einleuchtendste ist wohl das Erlöschen der egoischen Leidenschaft, das dazu führt, dass wir uns nicht mehr so symbiotisch eins mit dem Partner fühlen und uns deshalb als allein empfinden.

→ Weitere Aspekte finden sich in Kapitel 4, Seiten 111ff.

An dieser Stelle will ich die Problematik aber auf der spirituellen Ebene betrachten. Eine Ursache liegt in der „Einsamkeit der Seele", wie in der Antwort auf Seiten 198/199 erläutert. Ein weiterer Grund könnte auch darin bestehen, dass die Lektion, die in der Lebensschule für uns gerade ansteht, unser Verständnis dafür wecken will, wie jeder in Wahrheit allein ist. Es ist also nicht eine bloße Empfindung, ein Hirngespinst oder eine psychische Schwäche, sondern eine Tatsache; im vorliegenden Kapitel weise ich an verschiedenen Stellen darauf hin. Bei unserer Lektion geht es darum, den Partner zu lieben, ihm nahe zu sein und ihn nahe zu spüren, wenn wir mit ihm zusammen sind, doch immer im Bewusstsein, dass es zu diesem göttlichen Spiel auf der Weltbühne gehört und nicht die Wirklichkeit ist. Die Wirklichkeit sind die Seelen – und ihre Wege zum Göttlichen sind völlig verschieden. Die beiden Partner gehen zwar gemeinsam durch das irdische Leben, lernen mit- und voneinander, beispielsweise bedingungslose Liebe, Verständnis, Toleranz, doch sie sind jeder für sich Einzelseelen mit individuellen Aufgaben und zu lernenden Lektionen.

Diese Erkenntnis sollte uns dazu verhelfen, das Zusammensein zu genießen, ohne Anhaftung und Abhängigkeit und mit dem Bewusstsein der Eigenständigkeit, mit Liebe zum Partner und gleichzeitiger vollständiger Hingabe an das Göttliche und den spirituellen Weg.

* * *

Obwohl wir uns auf einem spirituellen Weg befinden, das Göttliche zum einzigen Sinn und Ziel unseres Lebens erklärt haben, fehlt uns dennoch zuweilen die Zweisamkeit einer Paarbeziehung. Warum?

Das Bedürfnis nach Zweisamkeit ist völlig natürlich; Freunde, Geschwister und andere Verwandte, stehen sie uns noch so nahe, können einen Lebenspartner in der Regel nicht ersetzen. Auf die egoische Seite dieses Wunsches gehe ich an dieser Stelle nicht ein, auch nicht auf die Thematik der Zwillingsseele oder fehlenden Hälfte.

→ Dieses Thema erörtere ich in Kapitel 1 von Band IV; Info Seite 231

Es gibt einen spirituellen Grund, warum die Seele uns zu einer Paarbeziehung drängt. Mann und Frau sind recht verschiedene Wesen, was ihr Denken und Fühlen, ihre Wahrnehmung und Bewertung betrifft. Beim Mann sind bestimmte Wesenszüge weniger entwickelt oder fehlen ganz, die in der Frau ausgeprägt sind, und umgekehrt. Das Göttliche aber ist *alles*, es umfasst alle Eigenschaften. Auf unserem Weg zur Einheit kann deshalb eine Stufe darin bestehen, das jeweils Entgegengesetzte oder die Ergänzung im anderen Geschlecht zu entdecken, kennenzulernen und daraufhin in uns selbst aufzunehmen, zu erfahren und auszubilden. Natürlich könnte eine Frau diese Bewusstseinserweiterung auch durch ihren Bruder oder Vater gewinnen, ein Mann durch seine Schwester oder Mutter – und tatsächlich erlangen wir mit Familienmitgliedern die ersten entsprechenden Einsichten, auch mit engen gegengeschlechtlichen Freunden. Doch die Liebe zu einem Partner ist ein wesentlich stärkerer Antrieb, uns mit dem Fremden auseinanderzusetzen, uns zu bemühen, es zu verstehen, daraus zu lernen und die Erkenntnisse zu assimilieren, und im Gegenzug auch uns selbst zu öffnen und dem anderen Vorbild und Lehrer zu sein.

→ Vergleiche Seiten 127/128

Deshalb führen spirituelle Wege wie der Sufismus, welche die Ehe und die Familie befürworten, sogar dringend empfehlen, bestimmt ebenso zum Ziel wie die weltabgewandten Pfade der Eremiten.

* * *

Warum brauchen manche Menschen ständig jemanden um sich, selbst wenn sie sich gerade einer Beschäftigung hingeben, die niemand erfordert, wie ein Buch lesen, und werden unruhig, fühlen sich unwohl, sobald sie allein sind?
Wir Menschen sind soziale Wesen; es ist absolut normal, die Gesellschaft und Gemeinschaft zu suchen. Und ich will an dieser Stelle nochmals betonen, wie wichtig dies auch für unsere innere Entwicklung ist.

Doch es darf nicht zu einer unerlässlichen Voraussetzung werden, sodass wir gar nicht mehr in der Lage sind, ohne Begleitung zu leben. Vernünftiger ist es, das Zusammensein als ein Zusammenkommen und Wiederauseinandergehen zu betrachten, ebenso wie wir beispielsweise auf der Straße jemanden treffen, ein paar Worte wechseln und dann weitergehen.

Das Bedürfnis, ständig jemanden um sich zu haben, ist in der Regel nichts weiter als eine schlechte Gewohnheit: Das Ego verhält sich dabei wie ein kleines Kind, das gleich nach der Mutter schreit, kaum ist sie für einen Augenblick seinem Blickfeld entschwunden. Je öfter die Mutter nachgibt und es überhaupt nicht mehr allein lässt, umso schwieriger wird es später, diese Unsitte wieder abzustellen; im Gegensatz dazu ist es meistens recht problemlos, gewöhnt man das Kind von klein an daran, auch einmal allein in seinem Zimmer oder bei anderen Personen zu bleiben.

→ Die Gewohnheiten sind das Thema von Kapitel 2 in Band II; Info Seite 230

Wurde unser Ego in dieser Hinsicht „verwöhnt", sei es als Kind oder erst später durch unser eigenes Dazutun, immer jemanden um uns zu haben, so gibt es keinen anderen Weg, als es uns abzugewöhnen, indem wir das Alleinsein einfach aushalten, mit einer gewissen Disziplin und viel Gleichmut. Wir versuchen bei unseren Beschäftigungen, wie Lesen, uns ganz darin zu vertiefen („Ich und das Buch sind eins"), bemühen uns, das Denken zu vermeiden, wir reden mit dem Ego und erklären ihm, wie schön es ist, einmal seinen Frieden zu haben, ohne dass ständig jemand „stört".

Wir können auch üben, indem wir das Alleinsein ganz bewusst suchen und uns ihm ganz hingeben. Dabei achten wir darauf, es am Anfang nicht zu übertreiben; so ist es nicht sinnvoll, uns gleich beim ersten Mal einen ganzen Tag lang zurückzuziehen. Besser ist es, mit einer Stunde zu beginnen und die Dauer dann nach und nach zu steigern. Vorteilhaft ist auch, etwas allein zu unternehmen, wie Spaziergänge, Kinobesuche, Einkaufen, ...

* * *

Auch wenn wir ein glückliches Leben führen, Familie und Freunde haben, kann es von Zeit zu Zeit zu einem Einsamkeitsempfinden kommen, wobei wir uns dann zutiefst allein fühlen, gleichzeitig aber auch nicht mit anderen Menschen zusammen sein wollen. Woher kommen diese „Anfälle"?

Sofern es jeweils keine erkennbare äußere Ursache für diesen Zustand gibt, dürfte das, was wir in diesen Momenten empfinden, die innerste Einsamkeit des Menschen sein: Es ist die Einsamkeit der in der irdischen Illusion gefangenen Seele, die bis in unser oberflächliches Bewusstsein vorstößt.

Sie drängt nach Einheit mit dem Göttlichen, nach der Verbundenheit mit den anderen Seelen und drückt dies offenbar aus, indem sie uns ein Gefühl von Einsamkeit vermittelt. Es tritt vorwiegend dann auf, wenn wir im weltlichen Leben gerade besonders glücklich sind, keine Schwierigkeiten oder Herausforderungen haben und uns deshalb vielleicht weniger der Spiritualität widmen, sie ein bisschen in den Hintergrund tritt. Deshalb suchen wir in diesen Situationen nicht, wie man erwarten könnte, die Gesellschaft anderer Menschen: Die Seele lässt uns spüren, dass andere Egos uns jetzt nicht helfen können und wir den Weg aus der Einsamkeit in uns selbst finden müssen, in der inneren Geborgenheit, die aus dem Bewusstsein der Einheit mit dem Göttlichen genährt wird.

Ziehen wir uns in solchen Augenblicken von den Mitmenschen zurück und verdrängen unsere einsame Stimmung nicht, überdecken sie auch nicht durch Aktivitäten, so tun wir also genau das Richtige. Lassen wir uns dabei ganz in uns fallen, konzentrieren wir uns auf die Seele (die Stelle in der Mitte der Brust), sprechen wir in Gedanken oder laut ein Mantra und bekunden wir unsere Hingabe an das Göttliche, sprechen wir mit ihm: „Ich will nur dich, ich will eins sein mit dir, lass mich dich in mir spüren, ..."

→ Siehe die Anleitung zur Meditation, Seite 218

Kommen Tränen in uns auf, brauchen wir sie nicht zu unterdrücken, ebenso wenig wie wir die Empfindungen von Einsamkeit, Traurigkeit, Verlassenheit unterdrücken sollten – weihen wir sie vielmehr dem Göttlichen, bildhaft in unserer Vorstellung und/oder mit Worten, Gesten.

Hilfreich kann auch sein, in die Natur zu gehen, in den Wald oder auch nur zu einem einzelnen alten Baum, an einen Fluss oder See, zu einem Felsen. Denn es ist für uns oft einfacher, die Einheit im Göttlichen mit Pflanzen und Elementen zu fühlen als in der völligen Zurückgezogenheit oder mit Menschen.

Weisheiten

Du fühlst dich einsam, weil du geliebt werden willst. Lerne das beglückende Lieben ohne Forderungen, nur um der Liebe willen – die wunderbarste Freude der Welt: Du wirst dich nie wieder einsam fühlen.
The Mother

Hast du jemals von einem Wesen gehört, das zugleich anwesend und abwesend ist? Ich bin mitten in der Gesellschaft, doch mein Herz weilt anderswo.
Saadi

Auf menschliche Zuneigung kann man offensichtlich nicht bauen, denn sie beruht zu sehr auf Selbstsucht und Begehren; sie ist eine Flamme des Ego, manchmal trüb und neblig, manchmal etwas klarer und bunt schillernd [...] Doch grundsätzlich ist sie abhängig von einem persönlichen Bedürfnis oder einer inneren oder äußeren Gegenleistung [...] In jedem Fall kommt menschlicher Zuneigung eine Bedeutung zu, denn durch sie erlangt die Seele die emotionale Erfahrung, die sie braucht, bis sie bereit ist, das Wahre dem Scheinbaren vorzuziehen, das Vollkommene dem Unvollkommenen, das Göttliche dem Menschlichen.
Sri Aurobindo

Also entsteht Einsamkeit durch meine alltägliche Aktivität im Eigeninteresse, und das erkenne ich alles, wenn ich aller Aspekte der Einsamkeit gewahr werde. [...] Alleinsein ist keine Isolation, es ist nicht das Gegenteil von Einsamkeit, es ist ein Seinszustand, wenn alle Erfahrung, alles Wissen ein Ende haben.
Krishnamurti

Wer sich in der Welt einsam fühlt, ist bereit für die Vereinigung mit dem Göttlichen.
The Mother

Der Mensch, der Gott verwirklicht als Freund, ist nie einsam in der Welt, weder in dieser Welt noch in der kommenden. Es ist immer ein Freund bei ihm, ein Freund in der Menge, ein Freund im Alleinsein.
Hazrat Inayat Khan

Nur Mut!

Lausche dem sehnsüchtigen
Gesang der Vögel im Morgengrauen, wie sie durch ihre Lieder
das Licht rufen!

Sieh, wie die Grashalme sich
vor dem Regen verneigen,
wie sie lebenspendende Tautropfen liebevoll aufnehmen,
um sie der Sonne zu opfern.
Wie Raureif Blätter und Zweige
in Eiskristalle kleidet und sie in
ihrer Einsamkeit erstarren lässt…

Atme den Duft der Traurigkeit
in der Abenddämmerung ein,
wenn die Blumen sich schließen
und nicht wissen, ob je ein neuer
Tag anbricht.

Sie alle sind allein.
Sich nach Einheit sehnend,
preisen sie das Eine.

Auch du bist allein auf der Welt – und doch bist du nie allein.
Du bist Seele, du bist das Göttliche, du bist eins mit allen Wesen,
mit der ganzen Schöpfung.

Die tragenden Gedanken

✧ In diesem göttlichen Bühnenstück spielen wir nur eine Rolle: Wir sollten uns jederzeit bewusst sein, dass wir der Hauptdarsteller in unserem eigenen Stück sind und alle anderen nur Statisten.

✧ Sind wir auch von vielen Menschen umgeben, die uns lieben und stützen, in Wahrheit sind wir auf unserem Lebensweg immer allein.

✧ Geteiltes Leid, geteilte Freude, geteiltes Leben sind eine Illusion des Ego. Dennoch sind zwischenmenschliche Beziehungen wertvoll: Alle sind uns Lehrer in der Lebensschule und fördern unsere innere Entwicklung.

✧ Die „Einsamkeit der Seele" ist ihre Sehnsucht nach Vereinigung mit dem Göttlichen, die sie uns von Zeit zu Zeit empfinden lässt.

✧ Ein Schritt auf unserem spirituellen Weg besteht darin, die Einsamkeit als Sehnsucht nach dem Göttlichen zu erkennen und gleichzeitig das Zusammensein mit Menschen ohne Anhaftung und ohne Abhängigkeit zu genießen.

INNENSCHAU

✧ Fällt es mir schwer, mich allein zu beschäftigen?

✧ Bekämpfe oder verdränge ich aufkommende Empfindungen von Einsamkeit, anstatt ihrem Schmerz auf den Grund zu gehen und dadurch aufzulösen?

✧ Suche ich immer gleich Trost bei Mitmenschen, wenn es mir nicht gut geht?

✧ Kann ich meine derzeitige Rolle im göttlichen Schauspiel nur schwer akzeptieren und schätzen?

✧ Fühle ich mich einsam, weil ich keinen Lebenspartner habe?

Aufgabe zur Selbstveränderung

Entwicklungsziel

Ich erkenne, dass ich in Wahrheit immer allein bin, unabhängig davon, wie viele Menschen mich lieben und mich umgeben, und lerne mit dem Alleinsein umzugehen. Ich verstehe, dass mein Wunsch nach menschlicher Gesellschaft und Gemeinschaft aus der Einsamkeit der Seele stammt, und verwandle diese Einsamkeit in inneren Frieden und Selbstgeborgenheit.

→ Bitte beachte „Tipps zum Umgang mit der Sonnwandeln-Reihe" auf Seite 17

Von den beiden Aufgaben ist die erste für jene Menschen gedacht, denen es schwer fällt, allein zu sein, die stets Gesellschaft suchen. Auch wenn du dich selbst nicht so siehst, kannst du diese Aufgabe einmal in Angriff nehmen; vielleicht entdeckst du dabei ungeahnte Seiten an dir.

Die zweite Aufgabe dient allen, ob sie Momente der Einsamkeit schon erlebt haben oder nicht, um sich der inneren Einsamkeit bewusst zu werden, sie als Sehnsucht der Seele zu erkennen und in inneren Frieden zu verwandeln.

Aufgabe A: Ich bin gerne mit mir allein.
• Ich mache mir immer wieder bewusst, dass ich in diesem Leben allein bin, selbst wenn Menschen mich lieben und mich umgeben: „Jeden Schritt muss ich selbst gehen, jede Bürde selbst tragen, alle Folgen meines Handelns lasten einzig auf mir. Und ich habe die Kraft dazu! Niemand kann mir wahre Geborgenheit schenken, außer ich mir selbst."
• Ich ziehe mich immer wieder einmal von der Außenwelt zurück, indem ich etwa allein in einem Zimmer sitze und lese oder einfach mit mir allein bin, ohne etwas zu tun. So schwer es mir auch fällt: Ich halte es aus. Darum geht es nämlich in erster Linie: „Was ist eigentlich so schlimm daran? Ja, ich fühle mich allein – na und? Ich werde daran nicht sterben. Ich will Freude am Alleinsein finden." Ich übe es so oft, bis es mir nichts mehr ausmacht und ich mich gerne allein beschäftige.
• Besonders falls ich gerade Single bin und einen Partner vermisse, unternehme ich all die Dinge, die ich eigentlich mit dem Geliebten zusammen machen möchte, allein: Kino-

besuch, Wandern, Reisen, im Restaurant essen und mehr. Dabei genieße ich die Unternehmung an sich, ich erfreue mich meiner selbst in der jeweiligen Situation und weise jeden Gedanken, Zweisamkeit wäre doch schöner, sofort von mir. Bin ich mit Freunden, Familienmitgliedern, Bekannten zusammen, weise ich den Gedanken, mir fehle trotzdem der Partner, ebenfalls sofort von mir und genieße die Gemeinschaft mit diesen Menschen.

• Lebe ich in einer Partner- oder Familienbeziehung, so mache ich mir meine Eigenständigkeit bewusst (wie unter dem ersten Punkt angegeben); ich bemühe mich, jegliche Abhängigkeit von diesen Menschen – um des Nichtalleinseins willen – loszuwerden, und lasse nicht zu, dass andere mich darin gefangen halten.

• Fällt mir das Alleinsein extrem schwer, stelle ich mir eine Notfall-Checkliste dafür zusammen; gerate ich dann in die Situation, in welcher ich meine, es nicht auszuhalten, folge ich den Anweisungen der Checkliste.

→ Eine Vorlage für die Notfall-Checkliste findet sich bei der Aufgabe zur Selbstveränderung von Kapitel 3 in Band II; Info siehe Seite 230

Aufgabe B: Ich begrüße die innere Einsamkeit.

• Ich mache mir immer wieder bewusst, dass jede Empfindung von Einsamkeit und somit jede Suche nach menschlicher Gemeinschaft in Wahrheit der Sehnsucht der Seele nach der Vereinigung mit dem Göttlichen entspringt.

• Ich ziehe mich zeitweilig bewusst von der Außenwelt zurück und gehe in mich, um diese Einsamkeit der Seele in mir aufzuspüren, sie als das zu erkennen, was sie ist.

→ Dazu dient die Imagination auf Seite 207

• Befällt mich ein Einsamkeitsgefühl, scheinbar ohne äußere Ursache, versuche ich, es nicht zu verdrängen oder durch Aktivitäten abzutöten, sondern begrüße es herzlich als eine willkommene Offenbarung meiner Seele. Ich bin dankbar dafür und freue mich darüber, dass meine Seele mir ihre Sehnsucht nach dem Göttlichen so deutlich zeigt und mich daran erinnert, was in meinem Leben tatsächlich wichtig, welches mein wahres Ziel ist. Ich fühle dabei, wie sich der Schmerz der Einsamkeit in ein Glücksgefühl verwandelt – es ist exakt die gleiche Empfindung mit umgekehrten Vorzeichen.

Affirmationen

→ Bitte beachte die detaillierte Anleitung auf Seite 216

Ich öffne mein Herz der Einsamkeit und heiße sie willkommen.

Ich fühle mich in mir selbst wohl und geborgen.

Ich bin gerne allein und ruhe in mir selbst.

Meine Zufriedenheit wohnt in mir, sie ist immer da.

Ich fühle mich vom Göttlichen geliebt und getragen.

Ich bin eins mit dem Göttlichen und mit allen Wesen.

In mir sind Frieden und Gleichmut.

Meine Kraft liegt in mir selbst, sie ist immer da.

Ich lasse meine Anhaftung an Menschen los.

Ich pflege nur noch erwünschte Beziehungen.

Ich widerstehe dem Ego meiner Mitmenschen.

Ich sehe in jedem Menschen das Beste und Höchste.

Ich allein bestimme über mein Leben.

Ich bin ich selbst, in jeder Situation.

Ich liebe mich, so wie ich bin.

IMAGINATION

- Ich befinde mich an einem vertrauten Ort; hier fühle ich mich sicher und geborgen, ich spüre die Ruhe um mich und in mir.
- Um mich ist tiefste Dunkelheit, ich sehe nichts, ich bin völlig allein, empfinde mich dabei sehr lebendig und als Ich.
- Diese Situation, diesen Zustand halte ich aus, eine ganze Weile, und ich fühle mich wohl dabei.
- Dann lasse ich mich in mich selbst fallen: Auch hier bin ich in vollkommener Dunkelheit und auch hier fühle ich mich wohl dabei.
- Jetzt bringe ich meine Aufmerksamkeit an die Stelle hinter dem Herzen, in der Mitte der Brust, und fühle die süße Sehnsucht meiner Seele nach dem Göttlichen.
- Hier weile ich, so lange ich möchte, und lasse mich einhüllen von Schmerz und Glück, wechsle zwischen den Empfindungen in einer Art Wellenbewegung und heiße beide gleichermaßen willkommen. Es ist ein durchaus angenehmer Schmerz, tiefste Einsamkeit und höchste Glückseligkeit zugleich.
- Dabei verwandelt sich die Dunkelheit nach und nach in Licht, es erfüllt mich ganz, es ist das Licht meiner Seele, das göttliche Licht in mir. Ich empfinde meine Geborgenheit in mir selbst, in meiner Seele, im Göttlichen und ich weiß, dass ich mich in der äußeren Welt von nun an immer wohl und geborgen, nie mehr allein fühlen werde.
- Beginnt die Erfahrung zu verblassen, so atme ich tief in den Bauch, öffne die Augen, verharre noch eine Weile regungslos, schaue um mich, spüre meinen Körper und bewege mich langsam.

→ Bitte beachte die detaillierte Anleitung auf Seiten 217ff.

Empfohlene Bach-Blüten

→ Bitte beachte die detaillierte Anleitung auf Seiten 220ff.

Haupt-Blüten

Seelenzustand	Nr.
Ich suche Gesellschaft, um meine innere Einsamkeit zu vergessen, und nehme dafür vieles in Kauf.	1
Ich kann schlecht allein sein, weil ich ständig mit anderen über meine Probleme reden will.	14
Traurigkeit und Schwermut überfallen mich oft grundlos.	21
Ich fühle mich anderen überlegen und ziehe mich deshalb ins Alleinsein zurück.	34

Gewählte Blüten:

☐ ☐ ☐ ☐

Zusatz-Blüten

Seelenzustand	Nr.
Ich versuche oft, den anderen zu gefallen und/oder lasse mich fremdbestimmen.	4
Der Verlust des Lebenspartners und die daraus entstandene Einsamkeit habe ich noch nicht überwunden, ich bin verbittert.	38
Ich bin mit geliebten Menschen übermäßig stark verbunden.	25
Ich lebe in Gedanken oft in der Vergangenheit.	16

Gewählte Blüten:

☐ ☐ ☐ ☐

Empfohlener Heilstein: Sugilith

→ Bitte beachte die detaillierte Anleitung auf Seite 223

Wirkung

Der Sugilith ist ein idealer Befreiungsstein: Er hilft, die Abhängigkeiten von Menschen loszulassen, und erlöst auch von der Sucht nach Gesellschaft. Ferner fördert er die Selbstverwirklichung und die Fähigkeit, sich selbst treu zu bleiben; dennoch behält man dabei immer das Wohl aller im Auge.
Allgemein verleiht er dem Leben mehr Tiefe, Wärme, Freude und Erfüllung.

Anwendung

Auf sich tragen, am besten mit direktem Hautkontakt.

Reinigen und Aufladen

Einmal pro Woche in einer Schale mit Hämatit-Trommelsteinen reinigen. Aufladen ist nicht unbedingt nötig, da der Sugilith ein äußerst kraftvoller Stein ist; man kann ihn jedoch von Zeit zu Zeit auf die klaren Spitzen einer Bergkristallgruppe legen.

Rückschau und Vorschau

Nachdem du eine Weile – in der Regel mehrere Wochen – in deinem Alltag zum Thema dieses Kapitels an dir gearbeitet hast, blickst du kurz zurück und schaust, wo du stehst. Kreuze bei den untenstehenden Aussagen an, was auf dich zutrifft. Sei ehrlich zu dir selbst, ohne falsche Bescheidenheit und ohne Selbstvorwürfe oder Entmutigung – es ist nur eine Bestandesaufnahme, ohne Wertung, um zu erkennen, in welchem Bereich du dich noch bemühen kannst... damit du wirst, was du bereits bist.

Lernziele dieses Kapitels Erreicht:	Ja	Nein
Es fällt mir weniger schwer, auch über längere Zeit allein zu sein. Oder: Ich habe mehr und mehr erkannt, dass andere Menschen mich zwar stützen und begleiten können, ich aber alles allein tragen und jeden Schritt selbst gehen muss.	☐	☐
Empfindungen von Einsamkeit gehe ich jetzt auf den Grund, anstatt sie zu verdrängen und mich abzulenken.	☐	☐
Ich unternehme vieles auch allein, wenn niemand mitkommen will/kann, und fühle mich wohl dabei. Oder: Ich umgebe mich nicht mehr mit Menschen, die mir eigentlich nichts bedeuten, nur um Gesellschaft zu haben.	☐	☐
Die innere Einsamkeit, die ich manchmal fühle, selbst wenn ich mit anderen Menschen zusammen bin, habe ich gelernt anzunehmen und als Sehnsucht meiner Seele nach der Einheit mit dem Göttlichen zu deuten.	☐	☐
Ich hänge nicht mehr so stark an geliebten Menschen. Oder: Ich leide nicht mehr darunter, dass ich Single bin; mir fehlt die Zweisamkeit mit einem Partner nicht mehr.	☐	☐
Auch wenn es mir nicht so gut geht, habe ich kein Bedürfnis mehr, mich von jemandem trösten zu lassen.	☐	☐

Mein weiterer Entwicklungsschritt

Notiere jetzt eine Einsicht/Herausforderung/Aufgabe, an der du arbeiten willst – aber nur eine! Dann prägst du sie dir gut ein, bittest das Göttliche, dich dabei zu führen und dein Bemühen zu fördern, und lässt sie los. Du kannst nun mit dem nächsten Band der Buchreihe und dessen Aufgaben weiterfahren.

Den Entwicklungsschritt, den du hier aufgeschrieben hast, darfst du von Zeit zu Zeit nachlesen, gewissermaßen zur Erinnerung, aber beschäftige dich gedanklich nicht mehr damit. Den Impuls hast du nämlich gesetzt – überlass es dem Göttlichen, ihn so umzusetzen, wie es für dich gut ist.

....

....

....

....

....

....

....

....

....

....

....

....

....

....

Ein ganz kurzes Schlusswort

Ein Schlusswort zur Liebe? Für einmal nur zwei Sätze, mehr habe ich am Ende dieses Buches nicht zu sagen.

Lieben ist immer besser als nicht lieben, und sei unsere Art und Weise zu lieben noch so unvollkommen, nicht selbstlos, nicht bedingungslos, nicht uneingeschränkt, nicht vorbehaltlos, nicht uneigennützig.

Lieben wir uns selbst und unsere Mitmenschen, wie wir es eben vermögen, und bemühen wir uns, die reine, wahrhaftige Liebe in uns zu pflegen und wachsen zu lassen.

Ich wünsche dir von Herzen, die göttliche Liebe in dir zu spüren!

Anhang

Anleitung zur Arbeit mit Affirmationen 216
Anleitung zu Imagination und Meditation 217
Anleitung zur Anwendung von Bach-Blüten 220
Anleitung zur Verwendung von Heilsteinen 223
Glossar 225
Übersicht über die Sonnwandeln-Buchreihe 229

ANLEITUNG ZUR ARBEIT MIT AFFIRMATIONEN

Bei Affirmationen handelt es sich um eine Form der Autosuggestion; damit kannst du hinderliche Muster in deinem Unbewussten durch neue Überzeugungen und Verhaltensweisen ersetzen (das lateinische Wort *affirmatio* bedeutet Beteuerung, Versicherung).

- Wähle von den vorgeschlagenen Affirmationen jeweils eine aus, die dich anspricht. Du darfst den Satz im Wortlaut auch ändern, wenn andere Begriffe dir eher zusagen, oder eigene Affirmationen formulieren. Beachte dabei unbedingt zwei Grundregeln:

– Bilde keine verneinten Sätze (Sätze, in denen *nicht, nie, kein* usw. vorkommen) und auch keine mit Begriffen negativer Bedeutung. Sag also nicht: „Ich habe keine Selbstzweifel mehr" oder „Meine Selbstzweifel verschwinden". Sondern: „Ich bin selbstbewusst und selbstsicher". Negative Begriffe erwecken nämlich eine negative Emotion in dir, und das wirkt kontraproduktiv; Affirmationen sollen stets schöne, beglückende Dinge aussagen.

– Die Affirmation muss den angestrebten Zustand in der Gegenwart und als Tatsache ausdrücken (nicht in der Zukunft oder als Wunsch). Sag also nicht: „Ich werde/möchte mich selbst lieben". Sondern: „Ich liebe mich selbst."

- Wiederhole am Abend unmittelbar vor dem Einschlafen die Affirmation zehn- bis zwanzigmal, am besten halblaut, damit sie auch über den Gehörsinn ins Unbewusste eingeht, langsam und monoton wie eine Litanei. Wenn du magst, fährst du in Gedanken damit fort, bis du einschläfst. Am Morgen, gleich nach dem Aufwachen, tust du das Gleiche.

- Du kannst die Affirmation auch tagsüber überall und jederzeit rezitieren, etwa bei einem Spaziergang, beim Autofahren oder während des Kochens.

- Die gewählte Affirmation behältst du bei, solange du mit den Aufgaben des jeweiligen Kapitels arbeitest. Mit jedem neuen Kapitel und den entsprechenden Aufgaben, wählst du eine dazu passende neue Affirmation.

Anleitung zu Imagination und Meditation

Imagination

Die Imaginationstechnik wurde von C.G. Jung in die Psychotherapie eingeführt und ist Bestandteil verschiedener, meist tiefenpsychologisch ausgerichteter Therapieformen. Imaginationen, wozu beispielsweise das autogene Training gehört, stellen eine Verbindung zwischen Bewusstsein und Unbewusstem her. Sie können aber auch genutzt werden, um mit der Seele in Kontakt zu kommen.

Indem wir uns Bilder zuerst ganz bewusst vorstellen, eine eigentliche Geschichte mittels unserer Vorstellungskraft beginnen und ihr dann in einer meditativen Ruhe freien Lauf lassen, tauchen mehr und mehr Bilder, Worte, Emotionen auf. Sie können uns helfen, neue Erkenntnisse zu finden, Blockaden zu lösen und angestrebte Selbstveränderungen positiv zu erfahren und zu fördern.

Lies jeweils die Anleitung zur Imagination zuerst ganz durch und präge dir den Grundablauf und die wesentlichen Punkte ein.

Wenn Du mit der Imagination beginnst, setzt du dich bequem hin und schließt die Augen. Du versetzt dich gedanklich, vor allem aber bildhaft, vor deinem geistigen Auge in die Situation der Imagination. Dann folgst du den Bildern, die aus deinem Innern aufsteigen; blocke diese nicht ab, beobachte, erlebe...

Lass dich ruhig vom Ablauf deiner eigenen Geschichte leiten, generell und besonders dann, wenn du dich nicht mehr an alle Einzelheiten erinnerst, die du dir vorher eingeprägt hast.

Beginnen die Bilder zu verblassen oder nehmen fremde Gedanken überhand, kommst du in die Realität und Gegenwart zurück. Lass dir dabei Zeit, spüre mit offenen oder geschlossenen Augen nach. Achte darauf, auch deinen Körper wieder zu empfinden, nimm bewusst deine Beine und Arme wahr, den Kontakt mit der Unterlage, und bewege deine Glieder sanft, bevor du aufstehst.

Du kannst jede Imagination so oft machen, wie du möchtest und spürst, dass sie dir guttut, täglich, wöchentlich, aber auch nur ein- oder zweimal.

Meditation

Im Gegensatz zur Imagination, die mit Bildern und Geschichten arbeitet, geht es bei der klassischen östlichen Meditation darum, innerlich still zu werden, also Gedanken, Gefühle, jede innere Regung loszulassen und so den Weg für die Wahrnehmung der eigenen Seele, für das göttliche Bewusstsein zu öffnen.

Um dieses Ziel zu erreichen, gibt es verschiedene Methoden. Eine davon besteht darin, den Atem zu beobachten. Damit habe ich persönlich die besten Erfahrungen gemacht, weshalb ich sie jeweils vorschlage.

Diese Methode dient auch dazu, uns auf eine Imagination vorzubereiten, oder für eine Kombination von Meditation und Imagination.

In den Kapiteln, in denen sie vorgesehen ist, beschreibe ich sie jeweils nur kurz. Deshalb gebe ich an dieser Stelle ausführlichere Hinweise dazu.

- *Den Atem beobachten.* Es geht darum, uns einzig auf diesen Vorgang zu konzentrieren, damit die Gedanken nicht umherschweifen. Wir können den Atem beobachten, indem wir auf das Heben und Senken des Brustkorbs achten oder darauf, wie die Luft in unsere Nase ein- und ausströmt.

Wenn wir jeweils fertig eingeatmet haben, vergeht ein winziger Augenblick, bevor wir ausatmen. Das Gleiche geschieht, wenn wir fertig ausgeatmet haben, bevor die Luft erneut in unsere Lunge strömt. In diesem Augenblick ruht jeweils der Atem. Darauf konzentrieren wir uns besonders. Wir bekommen dabei das Gefühl, als verlängere sich dieser Augenblick mit jedem Atemzug; es kann so weit kommen, dass wir aufschrecken, weil wir plötzlich denken, wir würden überhaupt nicht mehr atmen. Diese Schrecksekunde verschwindet mit der Übung, und wir gelangen tiefer und tiefer in die Versenkung.

- *Das Bewusstsein in die Mitte der Brust richten.* Gemeint ist die Stelle hinter dem Herzen, in der Mitte der Brust, in der Tiefe, nicht auf der Oberfläche. *Das Bewusstsein richten* – es ist schwierig, dies in Worten zu erklären. Obwohl wir uns, wie gesagt, auf den Atem konzentrieren, fokussieren wir das Bewusstsein, das wir normalerweise eher im Kopf empfinden, in der inneren Mitte der Brust (oder, bei anderen Meditationen, auf den Punkt zwischen den Augenbrauen). Es ist wie ein inneres Hinabsinken, ein Sichfallenlassen.

Besser kann ich es leider nicht erklären, die Sprache ist ein unvollkommenes Mittel, um spirituelle Erfahrungen zu beschreiben. Aber keine Sorge, wenn du es selbst praktizierst, wirst du bald spüren, was ich meine.

- *Gedanken und Empfindungen vorbeiziehen lassen.* Jeder, der schon einmal versucht hat zu meditieren, weiß, wie schnell und hartnäckig wir durch Gedanken davon abgelenkt werden. Die Meister der Meditation lehren verschiedene Techniken, damit umzugehen. Eine besteht darin, die Gedanken als ein *äußeres* Phänomen zu betrachten: Sie gehören nicht zu uns, sondern sind außerhalb von uns. Somit können wir sie, wenn sie auftauchen, kurz anschauen und dann vorbeiziehen lassen, wie Wolken am Himmel, und wieder zur Konzentration auf den Atem zurückkehren.

Empfinden wir die Gedanken hingegen als Teil von uns, also *in uns drinnen*, so weisen wir sie ruhig und bestimmt aus uns hinaus; wir können uns kurz bildlich vorstellen, wie sie aus uns hinausgehen und sich in der Ferne verlieren.

Du wirst bald deine eigene Methode finden, wie du deine Gedanken erfolgreich zur Ruhe bringst.

ANLEITUNG ZUR ANWENDUNG VON BACH-BLÜTEN

Wirkungsweise der Bach-Blüten
Die Bach-Blüten sind Essenzen, die bis heute nach den Anweisungen von Dr. Edward Bach (1886-1936) hergestellt werden. Ihre Wirkung beruht auf der Harmonisierung von Seelenzuständen (Angst, Kummer, Gleichgültigkeit, Unentschlossenheit, Mutlosigkeit usw.); dabei wird der negative Zustand mit der positiven Schwingung der entsprechenden Blütenessenz überlagert und ins Positive gewandelt (beispielsweise Verzagtheit in Mut, Unentschlossenheit in Entscheidungsfreude, Sorge in Urvertrauen usw.).

Als einführende Lektüre empfehle ich dir die Bücher von Edward Bach.

Auswahl einer individuellen Bach-Blüten-Mischung
Die Original-Bach-Blüten sind einer allgemein angewandten Reihenfolge gemäß nummeriert (alphabetisch nach den englischen Namen); die Liste findest du auf Seite 222.

Die Auswahl der für dich geeigneten Mischung kannst du auf eine der folgenden Arten vornehmen:
- Aufgrund der Beschreibungen der Seelenzustände, die du in den Büchern von Dr. Bach und anderen Autoren findest, wählst du die Blüten aus, die auf deine momentane Situation zutreffen.
- Du ziehst blind Karten aus dem Bach-Blüten-Kartenset (im Handel erhältlich) und überlässt die Auswahl so deiner Inspiration.
- Ebenfalls intuitiv kannst du mit geschlossenen Augen nach den Essenzen-Fläschchen greifen.
- In diesem Buch habe ich in jedem Kapitel eine Auswahl der geeigneten Bach-Blüten für das Thema des jeweiligen Kapitels aufgeführt. Dabei gehst du wie folgt vor:

1. Wähle zuerst aus der Tabelle „Haupt-Blüten" die Aussagen, die auf dich zutreffen, und trage die entsprechenden Nummern in die Kästchen unter der Tabelle ein.
2. Dann kannst du in der Tabelle „Zusatz-Blüten" überprüfen, ob eine oder mehrere Aussagen auf dich ebenfalls zutreffen, und die entsprechenden Nummern wiederum in die

Kästchen unter dieser Tabelle eintragen. Insgesamt solltest du aus den beiden Tabellen zusammen nicht mehr als sechs Blüten wählen; es dürfen aber auch weniger sein.

Zubereitung der individuellen Bach-Blüten-Mischung
Du hast zwei Möglichkeiten:
- Deine individuelle Mischung aus den konzentrierten Essenzen selbst zubereiten. Diese Essenzen nach der Original-Rezeptur von Dr. Edward Bach erhältst du als komplettes Set oder als Einzelfläschchen in Apotheken, die Naturheilmittel verkaufen. Auch im Internet gibt es zahlreiche Anbieter, bei denen du diese Produkte bestellen kannst.

Für deine persönliche Mischung benötigst du eine 30-ml-Pipettenflasche (diese erhältst du ebenfalls in der Apotheke). In das Fläschchen füllst du zur Hälfte eine hochprozentige Spirituose, wie Cognac oder Whisky, und zur Hälfte Mineralwasser. Dann gibst du von den ausgewählten Essenzen je zwei Tropfen hinein.

- Du kannst dir deine gewünschte Mischung in einer Apotheke zubereiten lassen (dieses Angebot findest du auch im Internet).

Einnahme der Bach-Blüten-Mischung
Nimm 3- bis 4-mal täglich jeweils 4 bis 5 Tropfen deiner zubereiteten Bach-Blüten-Mischung, erstmals am Morgen gleich nach dem Aufstehen und letztmals am Abend vor dem Schlafengehen.

Träufle die Tropfen aus der Pipette auf deine Zunge und achte darauf, die Pipette nicht mit deinem Mund in Berührung zu bringen.

Liste der Bach-Blüten

Nr.	Englische Bezeichnung	Deutsche Bezeichnung
1	Agrimony	Gemeiner Odermennig
2	Aspen	Espe (Zitterpappel)
3	Beech	Rotbuche
4	Centaury	Tausendgüldenkraut
5	Cerato	Bleiwurz
6	Cherry Plum	Kirschpflaume
7	Chestnut Bud	Knospe der Rosskastanie
8	Chicory	Wegwarte
9	Clematis	Gewöhnliche Waldrebe
10	Crab Apple	Holzapfel
11	Elm	Englische Ulme
12	Gentian	Herbstenzian
13	Gorse	Stechginster
14	Heather	Schottisches Heidekraut
15	Holly	Europäische Stechpalme
16	Honeysuckle	Geißblatt
17	Hornbeam	Hainbuche
18	Impatiens	Springkraut
19	Larch	Europäische Lärche
20	Mimulus	Gefleckte Gauklerblume
21	Mustard	Ackersenf
22	Oak	Eiche
23	Olive	Olivenbaum
24	Pine	Schottische Kiefer
25	Red Chestnut	Rote Kastanie
26	Rock Rose	Gelbes Sonnenröschen
27	Rock Water	Fels-Quellwasser
28	Scleranthus	Einjähriger Knäuel
29	Star of Bethlehem	Dolden-Milchstern
30	Sweet Chestnut	Edelkastanie
31	Vervain	Eisenkraut
32	Vine	Weinrebe
33	Walnut	Walnussbaum
34	Water Violet	Wasserfeder
35	White Chestnut	Weiße Rosskastanie
36	Wild Oat	Waldtrespe
37	Wild Rose	Heckenrose
38	Willow	Gelbe Weide

Anleitung zur Verwendung von Heilsteinen

Ich will vorausschicken, dass ich mich mit Heilsteinen nicht auskenne. Die Empfehlungen in diesem Buch verdanke ich Kollegen, die sich damit beruflich beschäftigen. Aber ich finde Steine schön und verwende sie selber immer wieder – und spüre, dass sie mir guttun.

Wirkungsweise der Heilsteine
Seit Tausenden von Jahren werden Steine für die Heilung verwendet, im alten Indien ebenso wie im mittleren Osten und bei den Indianern Nordamerikas; zu uns ist das Wissen wohl über die Griechen gelangt und vor allem durch die heilige Hildegard von Bingen (1098-1179).

Die Wirkung von Heilsteinen wird, wie so manche alternative Therapiemethode, von der Schulmedizin nicht anerkannt, weil sie nicht wissenschaftlich bewiesen ist. Ohne an dieser Stelle auf eine Diskussion über Krankheit und Heilung einzugehen, nur ein Denkanstoß: Liest man medizinische Studien über Medikamente der Pharmaindustrie, so staunt man nicht schlecht über die hohe Wirksamkeit der Placebos (Scheinmedikamente); nicht selten wirkt ein Placebo bei über 50 Prozent der Testpersonen ebenso gut wie das richtige Medikament, sogar wenn die Patienten wissen, dass es sich nur um ein Placebo handelt!

Die Wirkung von Heilsteinen beruht im Wesentlichen auf deren Schwingung: Die unterschiedliche Zusammensetzung der Atome und Struktur der Kristallgitter, aber auch die Form und die Farbe, verleihen jedem Stein seine besonderen Eigenschaften, die von ihm ausstrahlen und vom Menschen aufgenommen werden. Welcher Stein für welchen Seelenzustand/welche Krankheit geeignet ist, beruht auf jahrtausendealtem intuitivem und empirischem Wissen.

Wie die Bach-Blüten, wirken auch die Heilsteine auf der energetischen Ebene, indem sie vor allem die Meridiane, die Chakren und die Aura beeinflussen: Die aufgenommene Schwingung überlagert eine ähnliche in uns vorhandene Schwingung, verändert dadurch Emotionen, Gedanken und Verhaltensweisen und damit auch körperliche Symptome.

→ Chakra: siehe Glossar Seite 225

Anwendung von Heilsteinen

Die gebräuchlichste Art, die Schwingung des Heilsteins aufzunehmen, ist das Tragen auf dem Körper, beispielsweise in der Hosentasche oder in Form eines Anhängers. Nachts kannst du den Stein auch unter das Kopfkissen oder auf das Nachttischchen legen.

Große Steine wie Rosenquarz und Amethyst stellst du im Raum auf (beispielsweise in der Nähe des Computers, um dessen Strahlung zu neutralisieren).

Du kannst Heilsteine auch in frisches Wasser legen und dieses dann trinken.

Pflege von Heilsteinen

So wie wir die Schwingung des Steins aufnehmen, lädt sich der Stein mit den Energien seiner Umgebung auf. Davon muss er von Zeit zu Zeit befreit (entladen) werden; seine eigene Schwingung verliert der Stein nie, doch Sonnenlicht oder Kristallgruppen können seine Kraft verstärken (ihn aufladen).

Die Reinigung und das Aufladen der Heilsteine ist eine ebenso viel diskutierte Wissenschaft wie die Wirkungsweise selbst und es gibt im Grunde genommen für jeden Stein besondere Empfehlungen.

Als allgemeine Regel gilt: Die meisten Heilsteine kannst du unter fließendem Wasser reinigen und entladen und an der Sonne oder in einer Kristallgruppe aufladen (es gibt allerdings Steine, die kein Sonnenlicht vertragen).

Bei den Heilstein-Empfehlungen in diesem Buch habe ich jeweils auch angegeben, wie man den betreffenden Stein am besten verwendet und reinigt.

GLOSSAR

Ich beschränke mich auf kurze Erläuterungen zum Verständnis der Texte dieses Buches. Im Zeitalter des Internets kannst du ja alles mühelos vertiefen, falls du ein besonderes Interesse an einem Begriff hast.

Chakra *(Sanskrit = Rad, Scheibe, Kreis, Kreislauf und verwandte Begriffe)*
Chakren, im Hinduismus, Buddhismus und der westlichen Esoterik geläufig, sind Zentren von Bewusstsein und subtiler Lebensenergie. Sie sind die Verbindungspunkte zwischen dem physischen und dem feinstofflichen Körper. Man spricht meistens von sieben Hauptchakren und einer Vielzahl von kleineren Nebenchakren. Die sieben Hauptchakren liegen entlang der feinstofflichen Wirbelsäule (Sushumna) und sind über Nadis (elektrische Leitungen) miteinander verbunden.

Ego *(Latein) = Ich*
In der Spiritualität als das „niedere" Ich verstanden, im Gegensatz zum höheren Selbst oder der Seele. Das Ego besteht nach der Lehre von Sri Aurobindo, dem großen indischen Mystiker und Philosophen, aus drei Elementen: Körperliches, → Vitales, → Mentales. Da ich dieses Konzept in Band IV der Sonnwandeln-Reihe detailliert erläutere, gehe ich im Glossar nicht näher darauf ein.

Egoisch
Egoisch ist das Adjektiv zu → Ego, mit der Bedeutung von „zum Ego gehörend", ohne die negative Wertung, die in „egoistisch" (Adjektiv zu Egoismus) steckt. So ist eine egoische Eigenschaft nicht zwangsläufig egoistisch – dennoch für unsere spirituelle Entwicklung und unsere Zufriedenheit nicht förderlich, weil das Ego auf kurzfristigen Genuss ausgerichtet ist, keine Rücksicht auf das innere Wachstum nimmt und oft auch nicht auf die längerfristigen Folgen.

Erbsünde
Nach christlicher Theologie geht die von den ersten Menschen, Adam und Eva, begangene Sünde gegen Gott als sogenannte Erbsünde auf alle Nachkommen über, also auf die gesamte Menschheit. Jeder Mensch kommt mit dieser Erbsünde zur Welt und wird erst durch den Glauben an Jesus Christus, dessen Tod den „Erlösungstat" darstellt, davon befreit, also durch die Taufe (dies der katholischen Lehre gemäß, andere christliche Richtungen begreifen es unterschiedlich).

Gnade
Gnade bezeichnet ein „Geschenk" des → Göttlichen, das nicht auf unserem Bemühen oder Verdienst beruht und (wie die „Erleuchtung") nicht erzwungen werden kann. Gnade ist nicht an menschliche Vorstellungen von Gerechtigkeit oder Belohnung/Strafe gebunden und unterliegt nicht dem → Karma-Gesetz.

Das Göttliche
Der Begriff „Gott" hat bei uns oft einen kirchlichen Beigeschmack und viele Menschen verbinden damit einen willkürlichen, strafenden Gott und Lehren von Sünde und Hölle usw. Deshalb verwende ich ausschließlich den Begriff „das Göttliche" (im Englischen oft als THE DIVINE *be-*

zeichnet). Darunter verstehe ich die höhere Macht, das Absolute, der Erhabene, die Wahrheit. Im Hinduismus heißt diese höchste Instanz Brahman, nicht zu verwechseln mit Brahma, einer Gottheit unter vielen.
Selbstverständlich soll jeder Leser in Gedanken den Begriff verwenden, der für ihn stimmt: Gott, höhere Macht, Allah, Brahman oder andere.

Höheres Selbst
Es wird manchmal synonym für → Seele oder Geist verwendet; ich lehne mich an die hinduistische Philosophie an und unterscheide zwischen Seele und höherem Selbst. Das höhere Selbst ist das unveränderliche → Göttliche in uns, wir können auch sagen: Das höhere Selbst ist das transzendente Göttliche. Die Seele ist der göttliche Kern in uns, der an der Evolution teilnimmt (auch durch die verschiedenen Reinkarnationen) und die Wiedervereinigung mit dem Göttlichen anstrebt.

Innere Stimme
Die Innere Stimme ist die Stimme unserer → Seele, die uns den Weg zum → Göttlichen weist (ich schreibe den Begriff jeweils mit großen Anfangsbuchstaben, um ihre Einzigartigkeit als Stimme der Seele zu betonen und vor allem um sie von anderen Stimmen in uns zu unterscheiden). Sie äußert sich meistens nur sehr leise und wird leicht mit den Stimmen des Ego verwechselt. Die Innere Stimme vernehmen wir oft in der Form eines leichten Unbehagens, wenn wir im Begriff sind etwas zu tun, was unserem spirituellen Weg zuwiderläuft; es ist jedoch meistens nur eine sehr kurze Wahrnehmung, und wenn wir nicht sofort darauf hören, verstummt sie. Ausführlicheres über die Innere Stimme steht in Kapitel 6 von Band I sowie in meinem Buch über Karma Yoga.

Karma-Gesetz
Nach hinduistischem und buddhistischem Glauben die Gesetzmäßigkeit von Ursache und Wirkung. Es besagt, dass jede Tat, auch die unbedeutendste, eine Wirkung auf den Täter hat, die sich in diesem oder einem künftigen Leben entfaltet (impliziert den Glauben an die Wiedergeburt), in dem Sinne, dass eine gute Tat Gutes und eine böse Tat Böses bringt. Es wird im Volksglauben oft als ein unverrückbares Gesetz betrachtet; es gibt im Hinduismus allerdings auch philosophische Richtungen (z.B. der integrale Yoga von Sri Aurobindo), die eine göttliche → Gnade kennen, die in das Karma-Gesetz eingreifen kann.
Karma an sich bedeutet Tat, Werk; das Handeln oder Werk eines Menschen; die Kraft, die durch ihr Wirken die Evolution und die wiederholte Rückkehr der Seele in die Existenz bestimmt.
Karma bezeichnet einerseits die Summe der vergangenen Taten aus diesem und den früheren Leben, andrerseits jede Tat, die wir begehen und durch welche wir neues Karma schaffen. Beide bestimmen unsere Zukunft.

Karma Yoga (Sanskrit) = Yoga des Handelns
• *Karma: Tat, Werk; das Handeln oder Werk eines Menschen; die Kraft, die durch ihr Wirken die Evolution und die wiederholte Rückkehr der Seele in die Existenz bestimmt.*
• *Yoga: Verbindung, Vereinigung; die Vereinigung der Seele mit dem göttlichen Sein, dem göttlichen Bewusstsein, der göttlichen Glückseligkeit; eine Methode zur Vervollkommnung des menschlichen Individuums; im Hinduismus Oberbegriff für spirituelle Wege.*

- *Karma Yoga: der Yoga des Handelns; spiritueller Weg, der zur Gottesverwirklichung führt durch das Handeln ohne Anhaftung. Im Gegensatz zum bei uns allgemein bekannten „Yoga", der sich auf die* KÖRPER*haltungen bezieht, arbeitet der Karma Yoga mit den* INNEREN *Haltungen.*

Maya (Sanskrit) = Illusion, Zauberei
Im Hinduismus ist es die Illusion, die uns vorgaukelt, es gebe das → Göttliche UND *die Schöpfung – in Wahrheit gibt es nur das Eine, das Brahman. Maya wird zuweilen auch als Göttin personifiziert.*

Mentales Ego
Es ist die höchste Ebene unseres Ego. Seine Funktion besteht im rationalen Denken und der Logik, es befasst sich mit Glaubensrichtungen, Idealen, Wertvorstellungen, Entscheidungsfindung, strebt nach Wissen, Wahrheit, Harmonie und bemüht sich um ein tugendhaftes Leben.

Nirwana (auch: Nirvana) (Sanskrit) = wörtlich: verwehen
Austritt aus dem Kreislauf der Wiedergeburten und des Leidens durch „Erwachen" oder „Erlöschen". Es wird oft als ein Zustand der Leere oder der absoluten Glückseligkeit beschrieben. Der Weg dahin beruht auf dem Loslassen aller Anhaftungen.

Seele
In Philosophie, Religion und Esoterik, aber auch im alltäglichen Sprachgebrauch, ist mit Seele nicht immer das Gleiche gemeint. Ich verstehe darunter den nicht materiellen, unsterblichen Teil von uns, der sich durch die Erfahrungen und Erkenntnisse entwickelt, an Bewusstheit gewinnt und zum → Göttlichen hin strebt. Es ist der Teil in uns, aus welchem die → Innere Stimme kommt, der Teil, der uns zum Guten antreibt. Die Seele ist somit keinesfalls mit Verstand, Vernunft, Gefühl oder dem Unbewussten gleichzusetzen, die zum sterblichen Ich (→ Ego) gehören, ebenso wenig mit dem → höheren Selbst.

Vitales Ego
Es ist die Ego-Ebene der Emotionen, Leidenschaften, Wünsche, auch der Antriebskraft. Das Vitale strebt nach Besitz, Lust und Vergnügen, ferner nach Spannung, Abwechslung; somit sucht es das „Drama des Lebens" mit seinen Hochs und Tiefs und meidet Gleichmut und Gelassenheit.

Übersicht über die Sonnwandeln-Buchreihe

Band I: Der Sinn des Lebens und die Lebensschule
Paperback, 220 Seiten, ISBN 978-3-907091-05-0

Kap. 1: Der Sinn des Lebens und unsere Lebensaufgabe
• *Der Sinn der Welt und der Menschheit* • *Der biologische und der spirituelle Sinn* • *Der Sinn des individuellen Lebens* • *Geld verdienen und Genuss sind für die meisten Menschen nicht genug* • *Sinnvolle und sinnlose Tätigkeiten?* • *Wie finden wir unsere weltliche Lebensaufgabe?* • *Die Lebensaufgabe ist nicht mit dem Beruf gleichzusetzen* • *Nützlich sein für die anderen?* • *Berufswahl, Änderung des Berufs* • *Routine, Alltag, mangelnde Befriedigung*

Kap. 2: Lebensphasen und Lebenskrisen
• *Die verschiedenen Lebensphasen und Übergänge und ihre besonderen Herausforderungen und Chancen* • *Die Schwierigkeiten der Umbruchphasen* • *Andere Lebenskrisen (Scheidung, Tod eines Angehörigen usw.)* • *Nähe und Distanz in der Pubertät* • *Die Bedeutung der Wechseljahre* • *Die Chancen der Übergangsphasen nutzen* • *Probleme des Älterwerdens*

Kap. 3: Zufall und Schicksal
• *Zufall ist, was uns zufällt* • *Die Frage nach dem Warum* • *Wie man einzelne Ereignisse deutet* • *Alles hat einen Sinn* • *Wachsam sein für den Wink des Schicksals* • *Gerechtes oder ungerechtes Schicksal* • *Wiederkehrende Ereignisse und Schicksalsschläge* • *Die Häufung von Schicksalsschlägen* • *Schicksal als Folge des Karma-Gesetzes?*

Kap. 4: Freier Wille oder Vorbestimmung?
• *Menschliches und göttliches Gerechtigkeitsverständnis* • *Handlungsweise und Konsequenzen* • *Die Verantwortung für unsere Taten* • *Fördert der Glaube an die Vorbestimmung den Egoismus?* • *Was steht in den Sternen geschrieben?* • *Das eigene Schicksal ändern* • *Was treibt uns an zu bestimmten Taten?* • *Abgrenzung zwischen meinem und einem fremden freien Willen*

Kap. 5: Wille und Wollen
• *Göttlicher Wille und menschliches Wollen* • *Last und Mühsal unseres alltäglichen Kampfes* • *Vertrauen in die göttliche Vorsehung* • *Die Kraft des Wollens* • *Ist es richtig, für etwas zu kämpfen?* • *Spirituell vorankommen wollen* • *Wie können wir im Einklang mit dem göttlichen Willen handeln?* • *Dein Wille geschehe* • *Die Früchte des Handelns* • *Über die Ausrede, nach Gottes Willen zu handeln*

Kap. 6: Unsere Innere Stimme
• *Die Sprache der Inneren Stimme* • *Wie wir die Stimme der Seele von den Stimmen des Ego unterscheiden* • *Die Lenkung durch die Innere Stimme* • *Träume und Inspiration* • *Der Inneren Stimme gehorchen, ohne zu zweifeln* • *Die Angst, „falsche" Entscheidungen zu treffen*

Band II: Alltägliches Handeln im spirituellen Geist
Paperback, 256 Seiten, ISBN 978-3-907091-07-4

Kap. 1: Viele Ängste, eine Angst. Ausweg Urvertrauen.

• *Die Illusion, unser Leben im Griff zu haben* • *Angst vor der Zukunft, dem Unbekannten und vor Veränderungen* • *Wie gewinnen wir das kindliche Urvertrauen zurück?* • *Angst vor dem Leiden* • *Ursachen verschiedener Ängste* • *Unterscheidung zwischen Angst und Vorsicht* • *Wie werden wir eine konkrete Angst los?* • *Angst ist ansteckend* • *Zieht Angst das Gefürchtete an?*

Kap. 2: Die Macht der Gewohnheit

• *Woher kommen Gewohnheiten und Muster?* • *Programmierung und Auslöschen von Verhaltensmustern* • *Erkennen verborgener Muster* • *Wie lange dauert es, ein Muster abzulegen?* • *Nur die absolute Bestimmtheit ist stark genug* • *Gute Eigenschaften eingravieren* • *Wie entkomme ich der Frustration bei Misserfolg?* • *Freude am Lernen und an der Veränderung*

Kap. 3: Sieben Sünden, sieben Tugenden

• *Die Sünde: Trennung von unserem höheren Selbst* • *Sünde im Sinn des Karma-Gesetzes* • *Wiederkehrende Erfahrungen auf dem Lebensweg* • *Sieben wertvolle Tugenden: Demut, Freigebigkeit, Mitfreude, Milde, Sinneslust, Gelassenheit, Zuversicht* • *Askese als Weg?* • *Geizig ist auch, wer seine Gefühle nicht mitteilt* • *Trägheit und Traurigkeit: Verweigerung der Lebensfreude* • *Rückschritt in der spirituellen Entwicklung?*

Kap. 4: Du sollst nicht lügen!

• *Warum lügen wir überhaupt?* • *Die Grenze zwischen Wahrheit und Lüge* • *Das Ja ein Ja, das Nein ein Nein und die Schwüre* • *Geschickte Formulierungen, Andeutungen, Ironie* • *Gibt es berechtigte Lügen?* • *Ehrlichkeit gegenüber sich selbst: unerlässlich auf dem spirituellen Weg* • *Banale Lügen und harmlose Schwindeleien* • *Zum Lügen genötigt?* • *Aufrichtigkeit im Dienste der Mitmenschen*

Kap. 5: Ethik und Moral – Normen, Regeln, Konventionen

• *Der Wert von Geboten und Verboten* • *Die Spiritualität steht über der Moral* • *Kavaliersdelikte* • *Mehr Schein als Sein* • *Den inneren Verhaltenskodex prüfen* • *Kinder brauchen klare Grenzen* • *Wir erlassen ständig Verbote und Gebote* • *Machen, was wir wollen, solange wir niemandem schaden?* • *Über andere richten*

Kap. 6: Versuchung, Achtsamkeit und Selbstkontrolle

• *Die Versuchung als Chance* • *Achtsamkeit und Selbstdisziplin auf dem buddhistischen Achtfachen Pfad* • *Wiederkehrende Lektionen in der Lebensschule* • *Das Göttliche fordert von keiner Seele mehr, als sie zu tragen vermag* • *Die Grenze zwischen Selbstkontrolle und übermäßiger Härte* • *Wie schaffe ich es, der Versuchung Nein zu sagen?* • *Achtsamkeit widerspricht nicht der Spontaneität* • *Achtsamkeits-Übungen* • *Andere nicht in Versuchung führen*

Band III: Über allem die Liebe

Band IV: Unsere innere Welt
(erscheint voraussichtlich 2017)

Kap. 1: Mein Ego, dein Ego
• *Die Entstehung des Ego in der Evolution und dessen Sinn* • *Die Dualität und die wirkende Natur* • *Die Elemente unseres Ego* • *Auch ein „erweitertes" Ego ist immer noch ein Ego* • *Der Umgang mit anderen Egos* • *Die Illusion des Ich* • *Wie werde ich das Ego los?*

Kap. 2: Denken und Fühlen
• *Die Wechselwirkung zwischen Denken und Fühlen* • *Intuitionen und höhere Wahrheiten kommen von außen* • *Denken, Fühlen und das Unbewusste* • *Das Denken macht uns zu denkenden Tieren, nicht zu spirituellen Wesen* • *Aus den im Gehirn gespeicherten Informationen kann nichts Neues entstehen* • *Worauf sollen wir denn sonst unsere Entscheidungen gründen, wenn Denken und Fühlen uns nicht helfen?* • *Vergangenheit und Zukunft existieren nur in Gedanken und Emotionen*

Kap. 3: Wünsche und Begehren
• *Die evolutionäre Funktion der Wünsche* • *Der Baum der Erkenntnis* • *Bewertung von Angenehmem und Unangenehmem als Grundlage der Wünsche* • *Verzicht üben oder bloß auf Wünsche verzichten?* • *Glück finden in der Wunscherfüllung?* • *Der Wunsch zu helfen* • *Und der Wunsch, spirituell weiterzukommen?* • *Langweilige ewige Zufriedenheit!*

Kap. 4: Anhaftung und Loslassen
• *Das Vergängliche genießen, ohne anzuhaften* • *Loslassen, um nicht mehr zu leiden?* • *Ist es nicht normal, geliebte Menschen um sich haben zu wollen?* • *Bettelarm und asketisch durchs Leben?* • *Die Illusion, die Anhaftung besiegt zu haben* • *Den Verlust des Geliebten nicht fürchten* • *Leiden loswerden oder lernen damit umzugehen?*

Kap. 5: Woher nehme ich die Kraft?
• *Übermenschliche Kräfte: woher kommen sie?* • *Bei der Ernährung auf die Schwingung der Lebensmittel achten* • *Die Energie der göttlichen Mutter* • *Die drei alltäglichen Energiefresser, im Detail erläutert* • *Natürliche und sakrale Kraftorte* • *Energievampire* • *Gibt Liebe Kraft?* • *Niemals aufgeben: das gibt Kraft!*

Kap. 6: Krank oder heil?
• *Es gibt nur eine Krankheit, ebenso wie es nur eine Gesundheit gibt* • *Die tiefere Symbolik der Krankheit* • *Wie wir die Krankheit rechtzeitig wahrnehmen und sie aufhalten können* • *Heil sein bedeutet ganz sein* • *Spirituelle Erkrankungen* • *Heilmethoden und die Selbstheilungskraft des Körpers* • *Welche Bedeutung haben Unfälle?* • *Schwere Erkrankungen bei jungen Menschen* • *Die Angst vor Krankheit*

Band V: Das spirituelle Leben
(erscheint voraussichtlich 2018)

Kap. 1: Absolute Hingabe oder Freizeitspiritualität?

• Wir können nicht zwei Herren dienen: Solange wir noch weltliche Ziele verfolgen, erlangen wir das Göttliche nicht • Voraussetzungen für die vollständige Hingabe • Die Entscheidung für den spirituellen Weg bedingt keinen Rückzug aus der Welt • Einem Lehrer folgen oder alles aus eigener Kraft schaffen?

Kap. 2: Was gehört zu mir und was ist fremd?

• Die feinstofflichen Elemente Gedanken und Emotionen • Andere Ebenen des Seins jenseits der materiellen Dimension • Das Wahrnehmen fremder Energien • Besessenheit • Übertragung von Energien auf Mitmenschen • Unterscheiden zwischen Eigenem und Fremdem • Jeden Kontakt mit „schlechten" Menschen meiden? • Die Schwingungen von Musik, Texten, Bildern und ihre Wirkungen auf uns • Negative Schwingungen an bestimmten Orten

Kap. 3: Heilige Schriften: nur für Schriftgelehrte?

• Erläuterung einzelner Passagen aus Veden, Upanishaden, Bhagavadgita, Neuem Testament • Einem Glaubenssystem blind vertrauen und folgen? • Die Wahrheit ist in uns und im Leben selbst • Verständnis und Interpretation • Diverse Zitate von Laotse, dem Buddha, aus dem Sufismus, der Kabbala

Kap. 4: Inneres und äußeres Leben

• Der Rückzug in die Welt der Seele • Das Außen verwandeln • Mit den inneren Augen schauen • Übungen, um die innere Welt zu erfahren • Das Leben in der inneren Welt und die Konsequenzen auf unser äußeres Verhalten • Hindernisse im inneren Leben • Sich eine Weile vollständig aus der Welt zurückziehen? • Verzicht • Gebet und Meditation

Kap. 5: Und wo bleibt die Erleuchtung?

• Beschreibungen und Berichte über die Gottesverwirklichung aus verschiedenen Religionen und Zeitepochen • Zitate aus der Bhagavadgita zur Erleuchtung • Wie und wann erlangen wir die Gottesverwirklichung? • Brauchen wir dazu einen Guru oder Meister?

In der Reihe „Wegweiser" des nada Verlags

Karin Jundt
Ich liebe mich selbst und mache mich glücklich
Taschenbuch, 136 Seiten, ISBN 978-3-907091-04-3

Karin Jundt sagt von sich, sie habe erst im Alter von 40 Jahren festgestellt, dass ihr das Selbstwertgefühl und die Selbstliebe fast vollständig fehlten. Sie macht diesen Mangel verantwortlich für viele ihrer früheren Probleme mit den Mitmenschen und für eine periodisch auftretende, nicht näher definierbare Unzufriedenheit. Nach dieser Einsicht begann sie, am Aufbau ihrer Selbstliebe zu arbeiten, und erkannte mehr und mehr, wie unerlässlich sie für ein erfülltes, glückliches Leben ist.

Selbst darin gefestigt, entwickelte sie auf der Basis ihrer eigenen Erfahrungen eine Methode zum Aufbau und zur Stärkung der Selbstliebe, die sie viele Jahre lang in Seminaren und Kursen lehrte.

Mit diesem Buch gibt sie ihre Methode nun ebenfalls weiter. Es handelt sich um einen Leitfaden, der wie ein Kurs mit Aufgaben und Übungen aufgebaut ist. In den ersten Kapiteln werden die Grundlagen des Selbstwertgefühls und der Selbstliebe dargelegt. Der Hauptteil befasst sich mit der Selbstanalyse und der Betrachtung der Verhaltensmuster, die auf ein niedriges Selbstwertgefühl und eine schwache Selbstliebe hinweisen, und zeigt dann den Weg auf, um neue Verhaltensweisen Schritt für Schritt einzuüben und alte hinderliche Muster abzulegen.

Karin Jundt
Ich liebe mich selbst 2
Taschenbuch, 156 Seiten, ISBN 978-3-907091-06-7

Bei diesem Buch, von der Autorin als Fortsetzung und Ergänzung ihres ersten Wegweisers zu diesem Thema konzipiert, handelt es sich um eine konkrete Anleitung zum Aufbau und zur Stärkung des Selbstwertgefühls und der Selbstliebe. In jedem der 26 kurzen Kapitel befasst sie sich mit einer Verhaltensweise, die auf eine schwache Selbstliebe hindeutet, und schlägt eine auf den gewöhnlichen Alltag ausgerichtete Übung vor, um diese Verhaltensweise zu verändern. Es geht dabei um unsere Abhängigkeit von anderen Menschen, um Verlustangst, Selbstbestimmung, aber auch um Perfektionismus, Überheblichkeit, mangelnde Spontaneität und nicht zuletzt um die Ängste.

Die von ihr vermittelten Erkenntnisse und Einsichten sind aus dem Leben gegriffen, ihre Übungsvorschläge und Tipps für alle praktikabel. Der Alltag ist die Schule der Selbstliebe.

Website der Autorin: www.selbstliebe.ch

Karin Jundt
Karma Yoga – Auf dem sonnigen Weg durch das Leben
Taschenbuch, 140 Seiten, ISBN 978-3-907091-03-6

Der Karma Yoga, eine jahrtausendealte Lehre aus Indien, ist im Westen kaum bekannt. Obwohl es sich im Ursprung um einen spirituellen Weg handelt, kann man ihn, unabhängig von der eigenen religiösen und philosophischen Ausrichtung, zur wohltuenden Veränderung der inneren Haltungen praktizieren. Seine Erkenntnisse lassen sich leicht in das normale Leben einbauen und machen den Alltag selbst zum Übungsplatz, ohne dass man sich gesondert Zeit nehmen muss für spezielle Praktiken, wie Meditation oder Körperübungen. Den Grundsätzen des Karma Yoga zu folgen, führt zu einem Dasein mit weniger Ängsten und Sorgen und mehr Zuversicht und Mut.

Das ist auch das Anliegen der Autorin: einen einfachen, verständlichen Leitfaden anzubieten, mit konkreten, alltagsbezogenen Anregungen, um das Leben im Hier und Jetzt zu erleichtern und zufriedener zu gestalten. In ihrem Buch beleuchtet sie vor allem die Themen Selbstwertgefühl/Selbstliebe, Urvertrauen und Gleichmut – und natürlich das Handeln, das zentrale Element des Karma Yoga.

Website der Autorin: www.karma-yoga.eu

Spirituelle Romane im nada Verlag

Karin Jundt
Jonathan von der Insel
Taschenbuch, 160 Seiten, ISBN 978-3-907091-09-8

Der Fischer Jonathan macht einen außergewöhnlichen Fang: einen bunten, sprechenden Fisch, der Wünsche erfüllt – allerdings anders, als man es erwartet. Beim jungen Mann löst er den Prozess der bewussten inneren Entwicklung aus. Auch Jonathans Freundin Serena begegnet dem Fisch, und er weist ihr den Weg aus einer schwierigen, leidvollen Zeit. Beim Dorftrottel Beppi scheint der Fisch gar Wunder zu wirken. Die Geschichte spielt auf einer kleinen Insel im südlichen Mittelmeer; es ist die Kulisse des gewöhnlichen Alltags, wo Menschen Leidenschaft und selbstlose Liebe erfahren und die Last schweren Schicksals tragen.

Karin Jundt
Der Wanderer im dunklen Gewand
Taschenbuch, 164 Seiten, ISBN 978-3-907091-10-4

Er erwacht eines Nachts unter dem Sternenhimmel, weiß nicht, wer er ist, woher er kommt, wohin er gehen soll – und macht sich auf den Weg. Später erhält er einen Namen und damit eine scheinbare Identität. Die Frage nach seinem Ursprung, seiner Heimat, dem wahren Sein, dem Sinn verstummt indes nie. In dieses Leben hineingestellt, sucht der Wanderer seinen Weg über lichte Hügel und durch dunkle Täler, lässt sich leiten vom Fluss, lernt durch seine Erfahrungen und Erkenntnisse – und wundert sich über die immer zahlreicher werdenden goldenen Flecken an seinen dunklen Kleidern. In Francesca findet er dann auch die große Liebe, die ihn fortan auf seiner Reise begleitet. Doch sein Ziel kann er am Ende nur allein erreichen...

Manfred Kyber
Der Königsgaukler
Hardcover, 72 Seiten, ISBN 978-3-907091-08-1

Ein zeitloses spirituelles Märchen über den Lebensweg eines jeden Menschen zu seinem höheren Selbst, ein Märchen, das Mut macht, Hoffnung schenkt und Trost spendet.
  Diese neue Ausgabe entspricht dem Originaltext der Erstpublikation aus dem Jahr 1921, berücksichtigt jedoch die neue deutsche Rechtschreibung und Zeichensetzung. Das Büchlein ist liebevoll und edel gestaltet, um diesem Juwel der spirituellen Literatur gerecht zu werden, und eignet sich auch hervorragend als Geschenk.

www.ingramcontent.com/pod-product-compliance
Lightning Source LLC
Chambersburg PA
CBHW051642230426
43669CB00013B/2399